# 国家战略：供给侧时代的分享经济

张其金　编著

中国商业出版社

图书在版编目（ＣＩＰ）数据

国家战略：供给侧时代的分享经济 / 张其金编著
. -- 北京 ：中国商业出版社，2016.10
ISBN 978-7-5044-9602-7

Ⅰ．①国… Ⅱ．①张… Ⅲ．①中国经济－经济改革－
研究 Ⅳ．①F12

中国版本图书馆CIP数据核字(2016)第236611号

责任编辑：陈鹰翔

中国商业出版社出版发行
010-83128286    www. c_cbook. com
（100053    北京广安门内报国寺1号 ）
新华书店总店北京发行所经销
永清县晔盛亚胶印有限公司
*
720×1000毫米    16开    17印张    190千字
2016年11月第1版    2016年11月第1次印刷
定价：39. 80元
* * * *
（本书若有印装质量问题，请与发行部联系调换）

# 前　言

从中共十八届五中全会公报首提"分享经济"，到李克强总理在2016年政府工作报告两次提到"促进分享经济发展""支持分享经济发展"，再到十三五规划纲要强调"积极发展分享经济"，从而使"分享经济"成为中国经济发展的又一关键词。

"分享经济"是一个早在1978年由美国得克萨斯州立大学社会学教授马科斯·费尔逊和伊利诺伊大学社会学教授琼·斯潘思提出的术语。当前，在互联网技术发展成熟之后，"分享经济"的概念获得了突破性的影响力，其主要特点是通过一个由第三方创建的、以信息技术为基础的市场平台为最终的需求方和供给方提供服务链接。

分享经济正在对我们的生活产生着革命性的影响。在很多本质上可以归结为C2C供需服务的服务中，互联网正在消除一切中间渠道，包括公司和供应链。例如，大部分医疗服务（本质上是医生—病人型的C2C服务）、教育培训服务（本质上是教师—学生型的C2C服务）、出行服务（本质上是司机+车—出行者型的C2C服务），等等。分享经济的真谛就在于为需求提供了直接的、无限的供给。换言之，在分享经济时代，供给唾手可得、无处不在。

通过分享经济与互联网+的结合，人们可以将自己的信息发布于网络平台，人们通过互联网这个平台，了解供求信息，充分利用闲置的资源，提供了一种新的供给途径，充分满足了人们的需求。

分享经济，已经来到时代的风口。腾讯CEO马化腾在2016年"两会"期间提出了一个大胆的预言：分享经济将成为促进经济增长的新动能，助力服务业成为拉动中国经济的主引擎。这是分享经济首次在"两会"上以议案的形式进入公众视野并引起了高度的关注。

在全球范围内，分享经济也在一些领域取得了爆发式发展。"分享经济"已从一个纸面上的观念迅速转变为"互联网+"风口上的创新商业模式。

目前为止，围绕分享经济的定义，有几个公认的关键词：个人、闲置、互联网、收益。串起来说就是，"个人与个人之间，通过互联网平台，有价地分享闲置资源。"这个概念的诞生，可以一直追溯到20世纪初美国经济大萧条时期，那时人们就开始了对人口爆炸和资源枯竭的担忧，希望寻找一种资源高效利用的方式。"分享经济"在1978年的表述是"协同消费"，两位美国社会学教授在论文中讨论了"汽车共享"的形式；1995年eBay的出现，其实只是因为创始人希望借助互联网帮未婚妻交换一些玩具；再到后来的移动互联网时期，分享的概念与技术进步相互吸引，分享经济终于迎来第一次大爆炸。

2016年对于分享经济而言是具有里程碑的一年。李克强总理在2016年的政府工作报告中明确提出，"支持分享经济发展，提高资源利用效率，让更多人参与进来、富裕起来。"

李克强总理在政府工作报告中，强调要大力推动包括分享经济等在内的"新经济"领域的快速发展，而促进分享经济发展也被视为

2016年的重点工作之一。

当前，中国经济面临着巨大的下行压力。为此，中央提出供给侧结构性改革，基于分享经济开发的创新产品，通过闲置资源重整发展生产力，为供给侧改革发挥重要的助力作用。

在分享经济时代，过剩产能不再是烫手山芋，而是一种更加廉价、便捷的原材料。罗宾·蔡斯认为，利用过剩产能的成本总是比购买新的原材料要低，并且花费更少的时间和精力。分享经济虽然不直接生产商品，但它能够通过资源的重新配置产生新产品，进而刺激新的消费需求。也就是说，发掘出闲置的车辆、房间，与建立一条新的汽车生产线、盖一栋酒店大楼所产生的价值无异，而且前者又能节约产能，提高资源利用率。这恰好符合供给侧改革强调从供给端发力、扩大有效供给的思想。

事实上，这几年来，政府促进供给端改革的一系列政策就催生了很多分享经济模式的企业。在"互联网+"和"大众创业、万众创新"的口号下，各式各样的创业公司如雨后春笋般成长起来，滴滴快的、wifi万能钥匙、闲鱼等共享平台就是其中的佼佼者。但这些还远远不够，除了住房和交通行业之外，在医疗、教育、食品、旅游等民生基础行业，还存在着大量的资源配置失衡的问题。目前的分享经济模式主要是P2P(个人对个人)，但是分享经济的蓝海在B2B(企业对企业)，B2B模式正以其迅速发展的企业数量在不断成长，尽量精简企业的服务体系，促进更加低成本、高效率的运行，进一步优化企业的共享资源，使他们得以高速地传递与运转。可以预见，在中央政策的支持下，分享经济将迎来一个新的发展机遇期。

B2B的经济分享，企业将资金花费在运营成本上，减少了不必要的开支，还能在一定程度上提高效率。企业将自己的精力放在自己擅长的领域精耕细作，将一些不擅长的领域外包给一些专业性的组织，为消费者提供优质的服务与更为舒适的体验。传统的产业互联网平台就是运用分享经济的共享平台，作为传统的B2B展览行业，一路展展装服务交易平台，平台运用众筹的手段、众包的模式将展装的设计和搭建环节分别众包给展览设计师和展览工厂，作展览设计师和工厂的共享平台。同样，通过这样众包的模式重新塑造了展装的产业链和价值链，让参展商减少了过多的中间环节，提升展装行业效率，实现了设计师、展览工厂和设计师的价值最大化。

当前互联网新时代的"供给侧"改革，不是简单的增加生产能力，而是增加消费端的基础设施供给，使得新供给创造新需求，新需求推动新消费，新消费倒逼新产业的产生和变革，从而使人们感受到"分享经济"不仅是国家战略，更是企业的必走之路。既是通过技术手段引发革命，又是通过产业"互联网+"分享经济产生化学反应。这一化学反应已经渗透到经济社会的各个方面，并带来了新一轮的业态变革，包括制造业业态、服务业业态、贸易的形态以及互联网本身的形态，更包括大数据集成协同创新系统的形态变化。这都会成为我国未来经济发展的新动力，也是创新发展理念中最重要的内容。

分享经济已经来到时代的风口，未来一切可分享的东西都将被分享，人们的工作和生活方式将因之发生深刻变化。例如Airbnb在旧金山的一项调查显示，房屋分享带来了14%的新客户；日本的一项调查表明，独特的旅游体验让游客会有再次旅游和重复旅游的欲望，28%的游客表示如果没有房屋分享将会缩短在当地的停留时间。正如分享经济的倡导者瑞恩·格丽（Ryan Gourley）所言："分享经济从一个城市开始，逐步扩展到一个地区，进而渗透到整个国家，最后形成一个分享的世界。"

可以预见，这场已经影响了数亿人的分享经济风潮，将重新构建个人与个人、个人与商家、商家与商家之间的连接，提升整个社会经济的运行效率，有助于推动中国经济加快实现新旧动能转换，构建一个更富有人文情怀的社会。

随着Uber和Airbnb分别成为全球估值第一和第三的创业公司，其共性商业模式——分享经济也成为全球最热商业模式。分享经济改变着各个行业以及我们的工作、创业、打车、租房、金融、旅游等所有方面。李开复指出，分享经济才刚开始，大部分行业必然被颠覆。

那么，分享经济是什么？

它是如何改变商业、工作与生活的？

协同消费模式的内含是什么？

谁将成为B2B共享领域的新霸主？

Uber和Airbnb对企业、个人的发展意味着什么？

未来商业将如何发展？

本书从分享经济的发展、渗透和影响入手，结合国内外发展现状对其进行详细阐述，这将是一本有巨大市场价值的商业著作。

# 目 录

## 第一章 探析分享经济的真相

对于中国而言，发展分享经济既有得天独厚的优势条件，也有强大而迫切的现实需求。分享经济适应了"创新、协调、绿色、开放、共享"发展理念的新要求，是走出发展困境、消除诸多痛点的突破口，也是实现创新驱动、推进供给侧改革的试验场，对建设网络强国、构建信息时代国家竞争新优势将产生深远影响。从实践看，几乎所有领域都出现了分享经济模式的创新企业，有些属于全球领先创新，有些从一开始就铺向全球。

# 第二章　　深度研究分享经济

分享经济模式更侧重个体化、定制化，基于社交网络打造交易平台 对于产品或服务消费者而言，分享经济模式下的信息流通不再是一次性从商家到买家的过程，而是伴随着信息流的流动在这两端间循环共享，实现资源的充分利用。从这个意义而言，共享消费作为一种整体活动，也可以看作是一种探寻新型低碳电子商务模式的途径。更为重要的是，分享经济模式下的价值和信息流动是以社交方式进行的，在社交概念下点对点交易所带来的优于传统电商模式的定制化和个体化是真正符合新阶段消费者的诉求。

# 第三章　　分享经济的消费新模式

分享型经济的商业模式精髓在于是否能彻底重构一种连接，将消费者碎片化的资产整合，以打破痛点创造颠覆性的体验，在消费者感到安全和一致的时候，最终实现价值的释放。

# 第四章　　分享经济的新经济实践

　　　整个分享经济的大前提，是建立在碎片化的时间以及闲置资产基础上。通过分享经济模式，是否能够真正释放碎片化时间的价值，是否真正能够释放闲置资产价值是关键，如滴滴打车、优步都很好的利用了这一点。

# 第五章　　分享与按需的关系

分享经济模式在现阶段会面临较高的质量安全风险，虽然开放性的供需环境对于供应商来说极具诱惑力，但会导致消费体验的不定性增加，并可能导致负面口碑并成为"病毒"——陷入恶性循环。

# 第六章　　分享经济时代的供给侧

何为供给侧改革？此前，我国带动经济增长的"三驾马车"为投资、消费、出口，俗称"需求侧"，与此对应的便是"供给侧"。供给侧改革的最终目标是释放市场的活力，而越是原来管理僵化、垄断程度较高的行业，越是供给侧改革的重点，这样释放出来的活力或是产能优化的力量会更充分。未来供给侧改革除了产业政策以往，可能和现有的国企改革联系起来，在真正意义上释放出企业、产业的活力。

# 第七章　　中国对分享经济的策略

　　人人参与、互联网平台、大数据分享等正在带领人类从分工型经济增长走向分享型经济。当然，要让分享经济真正有效的满足人人参与、人人分享,也需要每个参与者、分享者提供分享信息的真实性、有效性，其背后也是对所有市场参与者的诚信体系的考量。在此情况下，政府通过依法干预和合理监管，确保分享经济发展建立在诚信有效的基础上，也是分享经济发展不可或缺的重要组成部分。

# 第一章
# 探析分享经济的真相

　　对于中国而言，发展分享经济既有得天独厚的优势条件，也有强大而迫切的现实需求。分享经济适应了"创新、协调、绿色、开放、共享"发展理念的新要求，是走出发展困境、消除诸多痛点的突破口，也是实现创新驱动、推进供给侧改革的试验场，对建设网络强国、构建信息时代国家竞争新优势将产生深远影响。从实践看，几乎所有领域都出现了分享经济模式的创新企业，有些属于全球领先创新，有些从一开始就铺向全球。

# 什么是分享经济

　　"分享经济"这个术语最早由美国得克萨斯州立大学社会学教授马科斯·费尔逊和伊利诺伊大学社会学教授琼·斯潘思于1978年发表的论文中提出的。在众多定义中，一个相同点是分享经济需要有一个由第三方创建的、以信息技术为基础的市场平台，个体借助这些平台，交换闲置物品，分享自己的知识、经验，或者向企业、某个创新项目筹集资金。

　　分享经济首先在美国出现井喷。从2004年成立的Homeaway，到2008年在旧金山创立的Airbnb，房屋分享被撬动；同时涌现的平台还有分享手工艺品的Etsy，招募应聘短期零工的TaskRabbit，以及最初帮助分享邻居家电钻的NeighborGoods；2009年以后，RelayRides，Uber等平台把人们的交通出行也给分享了。经过十多年的自由竞争，一些公司倒下了，一些公司已经迈向全球，然而他们并没有太多共性，所以才会有人说，"分享经济"这个词就像一个动物园，关在笼子里的都被叫成"动物"，但其实它们各不相同。

从微观层面上说，分享经济就是人们把自己闲置的资源拿出来与他人分享，并相互获益的一种行为；从宏观来看，它是这种微观行为产生的新的经济形态。它有两大先决条件：产能过剩的经济形势和移动互联网技术。

就在过去两三年里，以Airbnb(空中食宿)、滴滴为代表的一批分享经济公司迅速崛起。据不完全统计，2015年分享经济在全球的市场交易规模约为8100亿美元，在中国，分享经济的市场规模也达到1万多亿元人民币。分享经济已经从一个停留在纸面上的观念到转化为席卷全球的经济和社会潮流。分享经济在全球取得爆发式发展的背后，主要得益于其自身的三大特性。

特性一：分享经济是对闲置资源的社会化再利用。许多人可同时分享时间、空间、物品等资源，提高了闲置资源的使用效率，创造了更大的市场价值，使消费者获得了优惠和便利，使拥有者获得了额外的收入。分享经济企业整合了社会大量的闲置资源，实现了三赢的局面。

特性二：分享经济把熟人之间的分享关系扩大到了陌生人群体，提升了社会成员的互信水平。

分享经济是基于熟人关系催生出的商业形态，基于移动互联网技术的发展，熟人信任开始过渡到商业化信任。在这一新型的商业模式下，人们发挥分享的精神，借助互联网带来的便利，依靠团体协作的方式，让社会资源重新流动起来，从而实现按需分配的社会资源再分配，真正实现"使用而无须占有"的美好愿景。

特性三：促进了生产方式由大规模单一中心转向去中心化的个性化定制。相比前两次工业革命塑造的以"单一中心、大规模、统一标准"为主要特征的模式，分享经济去中心化的价值网络更加注重提供个性化的产品和服务。个人既是消费者同时也是生产者，大大激发了创业创新活力，赋能予人，实现了人尽其才、物尽其用。

当然，分享经济除了具备这三个特性外，它的发展也必须具备一定的条件。

条件一：网络大力发展。

哈佛大学商学院商务管理教授和历史学教授Nancy Koehn表示，分享经济是指个体间直接交换商品与服务的系统。理论上，这涵盖方方面面，包括搭车、共享房间、闲置物品交换等。

所有这些交换皆可通过网络实现，尤其是通过智能手机。这种个体间直接交换的系统，可在任何时间均将世界各地成千上万的人们连接起来。如今，越来越多的人通过网络进入紧密连接的全球市场。消费者通过上网进行消费或者交换，享用更加便利、舒适、快捷和实惠的商品与服务。

第三方可以是商业机构、组织或者政府。个体借助这些平台交换闲置物品，分享自己的知识、经验，或者向企业、某个创新项目筹集资金。2011年，合作性消费被美国《时代周刊》称为将改变世界的十大想法之一。

关于分享经济的驱动力，Koehn给出了三个理由。

第一，消费者感觉有更大的主动权和透明度。现在人们经常会遭遇四个问题：波动性、不确定性、复杂性和模糊性。分享经济能使消费者在消费过程中充分发挥自我掌控能力。

第二，当今世界范围内正出现信任危机。不同年龄段的人群，尤其是年轻消费者对目前的商业和其他大规模组织的信任度越来越低，不少人对大商家的印象并不佳。为此，当他们发现卖家与自己产生共鸣时会感觉更可信，这类消费将更具吸引力。

第三，消费者和供应者都在交换过程中更受益。消费者通过合理的价格满足了自己的需求，供应者从闲置物品中获得了额外的收益。

条件二：可行性基础：信任。

分享经济的特点是，在陌生的个体之间通过第三方网络平台进行物品交换。因此，除了网络这一基础条件外，信任是实现分享经济的另一个基本条件。

正是这个平台，为分享经济群体中的个体建立了有效的、值得信任的关系。第三方在分享经济发展过程中实现了巨大的金融收益，投资者也十分看好这一新型经济发展模式。

在过去几年中，分享经济稳步发展，全球各地上千家公司和组织为人们提供了共享或者租用商品、服务、技术和信息的条件。《福布斯》杂志报道，2013年分享经济价值达到35亿美元，增长了25%。

但是，分享经济也面临一些问题，主要是这类新型经济活动在应用于现有法律和规范时存在模糊边界。对此，Koehn认为，从历史上看，政府或相关机构根据这些新模式对现有法律或规范做出调整或重新创建，将会有利于新经济活动更健康、更大规模地发展。

分享经济从理论上和价值观上都像人类经济与环境的一条新出路，至于能否落地，结果是开放式的。欧盟的研究报告指出，从客户的角度讲，这种创新最大的挑战是信任。

其实比起网上购物、社交网络等"前辈"项目，分享经济被网友接纳一点儿困难都没有。电脑和智能手机成了人的延伸，越过障碍将人们连接在一起。陌生人在虚拟空间形成社交网络，分享自己的故事和想法，回复别人的评论。在你来我往的过程中，信任就达成了。

信任是一种社会资本，是互联网里的通行证，越分享越丰富，越不分享越稀少。在这种规则之下，人们有意或者无意地在互联网上留下了大量的痕迹，通过这些信息可以形成对某个人的大致印象。信息传播的速度越来越快，互联网24小时都在活动，要想在网络上隐藏起来不是件容易的事情。

分享经济开始之前，互联网已经高度透明，网友们前所未有地信任陌生人。只要你没有做坏事，人人都先觉得你是个好人。这种朴素的民风让分享经济的创业项目能够更快地运转起来。

总体来看，分享经济也是当今移动互联网技术发展到一定阶段的必然产物。移动互联网发展以及智能终端的普及实现了参与者的广泛互联，移动支付和基于地理位置的服务(LBS)让分享变得简单快捷。网络与大数据分析技术实现了资源供需双方的精准高效匹配，极大地降低了个体之间碎片化交易的成本。社交网络及信用评价机制日渐成熟，培育了新的信任关系。分享经济的发展也推动了一个超级连接网络的形成，通过对社会闲置资源的再利用，强化了人与人、人与物、物与物之间的连接。

# 分享经济激活经济剩余

我们看到的是，供应和需求这一对经济学矛盾，在分享经济这个催化剂的作用下，也在按照一种不同以往的模式实现大规模的连接——这是一个新情况。与传统经济不同的是，这种连接基于经济剩余。经济剩余在企业层面表现为闲置库存和闲置产能，在个人层面表现为闲置资金、闲置物品以及闲置时间，通俗地说也就是闲钱、闲物、闲工夫。

记得诺基亚的CEO曾经说过一句很无辜的话，大意是："我们没做错什么呀，为什么公司就完了呢？"产品的过剩，传统行业的没落，然而同时又伴随着社会资源的大量浪费，商业无时无刻寻找着发展之路；互联网行业的崛起带来了信息及时传递、匹配以及定位功能；网络安全随之提高为其保驾护航；资源共享成为了这个时代的主流观念。

对于消费者来说最大的改变在于他参与到了产品的诞生过程中，既是需求者也是供给者。消费者和供应者之间产生了共鸣，在这个交换的过程中双方受益。

对于整个社会来讲，市场的竞争在加剧，对垄断行业的冲击也变得愈加剧烈；商品的有效利用也使得我们的世界变得更加环保；灵活的薪酬制度减轻了社会失业率的波动，劳动者和聘用者之间的良性循环潜移默化地加速着前进的脚步。

对于从业者来说，分享经济给他们带来了更高的收入。目前，分享经济从业者在某些方面与传统大众行业从业者有些不同。例如，分享经济从业者可能大多是年轻人，因为他们都是伴随着智能手机普及长大的，习惯了生活中离不开网络和各种App。

变化一：从业者年轻化。

2015年，由硅谷风险投资机构和斯坦福大学某研究部门合作的《1099劳动力经济调查报告》结果显示，分享经济从业者年轻化特征明显。在整个分享经济从业市场中，大约有39%的从业者年龄在18~24岁，而在大众行业里只有12%的从业者年龄在18~24岁；在25~34岁这一年龄段，分享经济从业者占比更高，达到68%，而在其他大众行业里只有1/3处于这一年龄段。

变化二：从业者学历普遍较高。

分享经济从业者的受教育程度普遍较高。大约40%的分享经济从业者至少在大学以上学历，而在普通大众行业大学以上学历的只占32%。虽然提供按需服务可能只是大学生在空闲时间利用自己的汽车或者自行车赚取一些额外的零花钱的手段，但尽管如此，其中也有很大比例的大学生。

显然，一位汽车共享服务司机可能与一位在Etsy卖马克杯的人有不同的特征。一项由Uber发起的调查显示：Uber司机大约有19%是

18~29岁的，与普通大众行业相近。但是在Uber司机受教育程度方面，大约有48%的司机是大学以上学历，远高于普通大众行业的从业学历水平，与分享经济从业者保持了同样的趋势水平。

变化三：从业者收入更高。

分享经济从业者收入怎样？能获得更好的薪水吗？

分享经济从业者的每小时收入看起来真的很诱人。根据"1099调查报告"，分享经济从业者每小时收入中位数是18美元，高于2014年5月美国劳工局统计的全美职位每小时收入中位数，后者是17.09美元。

在某些部门，分享经济从业者似乎赚得比非分享经济从业对手多。例如，根据美国劳工局统计数据，分享经济行业的体力劳动者每小时收入15美元，高于女佣和管家清洁工，后者每小时只有9.67美元的收入。

所以说，激活经济剩余，是社会财富增长的一个新途径。

过去，经济剩余的存在是碎片化的，零零散散地存在于社会各个领域，整合成本极高，社会价值很低。现在，借助于分享经济的各种创新模式，大量的经济剩余被整合起来，在全社会范围内重新对接供需，于是就产生了新的经济效益。

由此，实现了"人尽其才、物尽其用"，宏观经济的发展也具备了新动能。

分享经济何止于个人资源的分享！腾讯众创空间正在实践一种面向创业企业的模式——产业生态资源分享。具体来看，众创空间以企业为核心，为之分享网络平台流量、技术、产品、办公环境、软硬件设备、投资、传媒等适合企业成长的各种要素，使创业者可以集中精力专注于产品研发和运营等核心事务，大大改善了过去创业服务资源闲散化的问题。

　　不光是企业端可以有分享经济，在社会公共服务领域也可以引入分享经济。目前，世界主要国家都认识到分享经济对于资源高效分配的重要价值，高度重视发展分享经济，许多国家确立分享经济的战略性地位，出台鼓励政策促进分享经济发展。例如，英国政府2014年制订分享经济计划，旨在打造分享经济的全球中心；韩国政府也提出发展分享经济"示范城市"；欧盟出台了分享经济发展指南等。

# 分享经济引发一场深刻革命

一个时代的到来，总会有那么一些人先知先觉，他们终将成为这个时代的灵魂人物。不知不觉中分享经济的发展是否让你有点措手不及，而在这之前你是否对它已经有了足够的了解，你是否也是属于这个时代的人呢？

从全球看，渐行渐热的分享经济一路走来并不顺畅，期待之高与担忧之甚难分伯仲，动力之强与阻力之大让人目不暇接。尽管路途坎坷，但大势已然形成。毕竟在出行、住宿等领域已经培育出身价上百亿美元的全球型企业，更多领域的"独角兽"、"十角兽"企业还在茁壮成长。

对于中国而言，发展分享经济既有得天独厚的优势条件，也有强大而迫切的现实需求。分享经济适应了"创新、协调、绿色、开放、共享"发展理念的新要求，是走出发展困境、消除诸多痛点的突破口，也是实现创新驱动、推进供给侧改革的试验场，对建设网络强国、构建信息时代国家竞争新优势将产生深远影响。从实践看，目前几乎所有领域都出现了分享经济模式的创新企业，有些属于全球领先创新，有些从一开始就铺向全球。

金融危机后，全球分享经济快速发展，从欧美不断向亚太、非洲等地区的上百个国家扩张。如截至2015年底，Airbnb已经在全球190多个国家和地区开展业务，覆盖34000多个城市，拥有200多万个房源，超过6000万房客从中受益，市场估值255亿美元。领先企业的成功吸引了大量创业者加入分享经济领域，平台企业不断增加，投资分享经济领域的机构数量也迅速增加。据Crowd Companies统计，在美国2010年只有不到20家机构投资于分享经济，而截至2015年4月底已增加到198个。同时，风险投资金额呈爆发式增长。分享经济的崛起对现有的法律、政策以及传统行业的发展都产生了巨大影响，使其成为政府及社会各界关注的焦点。

全球分享经济正进入快速扩张期，从最初的汽车、房屋分享迅速渗透到金融、餐饮、空间、物流、教育、医疗、基础设施等多个领域和细分市场，并加速向农业、能源、生产、城市建设等更多领域扩张。未来一切可分享的东西都将被分享，人们的工作和生活方式将因之发生深刻变化。正如分享经济的倡导者瑞恩·格丽（Ryan Gourley）所言："分享经济从一个城市开始，逐步扩展到一个地区，进而渗透到整个国家，最后形成一个分享的世界。"

分享经济的崛起催生了大量市场估值超过10亿美元的"独角兽"企业。根据调研公司CB Insights的数据，截至2016年2月4日，全球价值在10亿美元以上的私营公司有151家，其中有分享汽车的滴滴出行、Uber、Lyft、Olacabs、BlablaCar以及Grab Taxi，分享房屋的Airbnb、途家网，分享网络存储空间的Dropbox，分享开源软件的Github，分享邻里信息的Nextdoor，分享办公空间的WeWork，分享医生咨询和预约的挂号网，提供金融P2P服务的Funding Circle、Social Finance，以及生活类服务的Delivery Hero、HelloFresh、饿了么、Instacart等。更重要的是，这些公司创业时间多数不到5年就达到上亿甚至上百亿美元的市场估值。随着分享领域的拓展以及商业模式的不断创新，更多的巨无霸企业将接踵而来。

全球分享经济尚处在起步阶段，成长迅速，竞争激烈，尚未形成稳定的格局。目前看，只有在个别领域，少数起步较早的企业获得了一定的先发优势，初步形成相当用户规模和较高市场占有率，开始建立起成形的盈利模式。一般而言，分享型企业的收入来源渠道主要有中介收费、搜索排名、流量广告、金融收益等。但对于更多的领域和初创企业而言，还处在探索过程中，尚未形成可持续发展能力。从地区发展的角度看，美国是分享经济发展的领头羊，但欧洲、亚洲各国的平台企业也在迅速崛起，全球竞争格局仍处在快速变化中。

尤其是在去中心化的价值传承下，合作分享的思维方式成为商业发展的主旋律，这对于整个社会的资源重构、组织重构、供需重塑，甚至治理模式都带来巨大影响。正如罗宾·蔡斯所言，"人人共享正在推动这个工业化社会转型为分享经济社会"。

尽管分享经济在中国发展得如火如荼，但分享经济在中国还没有完全发挥出价值。当下的中国，持续扩大有效内需与加快供给侧改革正成为国家经济发展的两项重要手段，分享经济也在重新构建更有效率、更具持续性的新型供给关系上展示出巨大潜能。

首先，分享经济让每个人都有机会参与到供给侧改革这一历史进程中来。随着移动互联网的发展，智能手机和高速无线网络的普及使得个体自主性越来越受到重视。在这种状态下，每个人都是一个信息汇聚中心和传播主体，每个人都是雇主和雇员。新兴的分享经济企业不再生产商品，而是提供信息和交易平台。

其次，企业与企业之间的共享，将有利于降低成本、提高效率。随着互联网与传统行业的深度融合，一批创新型分享经济平台正脱颖而出，得到消费者和市场的广泛认可。据有关方面统计，2015年，分享经济在我国市场总体规模约为1万多亿元。分享经济正从交通出行和住宿领域，拓展到个人消费的各个领域，同时企业端市场也正在逐渐成形。

可以预见，这场已经影响了数亿人的分享经济风潮，将重新构建个人与个人、个人与商家、商家与商家之间的连接，提升整个社会经济的运行效率，有助于推动中国经济加快实现新旧动能转换，构建一个更富有人文情怀的社会。

# 分享经济的源起

分享经济的起源是什么？当我们面对一个新生事物的时候，总会想要追根溯源。我们发现，现在处于全球热议中的分享经济，原来不是过去学院派眼里的分享经济。

分享经济的研究渊源可追溯到20世纪七八十年代。我国经济学家李炳炎教授在《社会主义成本范畴初探》(1981)和《劳动报酬不构成产品成本的内容》(1982)两篇文章中，在国内外首次提出了社会主义分享经济理论的核心观点。1984年，美国经济学家马丁·劳伦斯·威茨曼(Martin Lawrence Weitzman)出版了一本书，书名就是《分享经济》，他在书中提出了分享经济理论。

两位学者分享经济理论的关注点都是基于微观的企业行为，在分配领域中探寻经济动力不足背后的因素，倡导建立一种新的利益分享制度和财税政策，以建立新的经济刺激结构和机制，消除传统的利益矛盾，解决经济发展动力不足问题。说穿了，核心是研究工人与资本家如何分享企业收益的问题。

显然，当下红遍全球的分享经济，并非以上两位经济学家研究的分享经济。它是一种新兴的经济现象，是一种结合了高度发达的互联网技术的社会化的商业范式。

既然它是基于社会化的分享，那是不是等同于基于社会化大生产的信息共享呢？2002年，哈佛法学院教授、世界著名网络研究中心——哈佛大学伯克曼互联网与社会中心主任尤查·本科勒(Yochai Benkler)在《网络财富》(The Wealth of Networks)一书中提出"共同对等生产"(commons-based peer production)的概念来重点描述其社会化生产思想。在他看来，利用网络技术进行社会化生产，可以解决资源合理利用的问题，而在信息时代，由个人及或松散或紧密的合作者进行的非市场化、非专有化的生产所发挥的作用将日益加大。

听起来似乎很有"分享"的精神。但遗憾的是，本科勒教授的观点着眼于解释维基百科、开源软件和博客圈这样的例子，这些模式恰恰不是分享经济研究的典型。换言之，它们仅仅是"分享"，而不是"分享经济"。

2008~2009年，美国最早开始出现分享经济平台Uber（优步）、Airbnb（空中食宿）。背后另一个原因在于2008年经济危机的出现。经济危机导致美国失业率在2009年达到9.3，人均GDP增速达到-3%。因此，分享经济所提供的更廉价的服务受到用户的欢迎。

中国互联网协会分享经济工作委员会在京发布了我国首部《中国分享经济发展报告（2016）》，工业和信息化部、商务部、中央网信办、交通部、中国互联网协会等部门领导出席了发布会仪式。该报告深入分析分享经济的内涵，对实体经济的影响以及传统企业如何抓住机遇、实现战略转型，在我国分享经济的发展进程中具有里程碑式的意义。

报告指出，分享经济给中国带来了难得的重大机遇，对于贯彻落实新的发展理念、培育新经济增长点、以创新驱动推进供给侧改革、建设网络强国、构建信息时代国家新优势等都将产生深远影响。

工业和信息化部处长徐强表示，发展分享经济是推进供给侧结构性改革的重要抓手。从供给的角度讲，分享经济能够调动全社会最优质的资源参与整个生产过程，加速促进生产制造的网络化、智能化。从需求的角度看，分享经济能够让用户参与到生产过程，更好地满足用户需求。从一定意义上说，分享经济就是制造业从工业3.0向工业4.0升级的重要体现。

分享经济是一种全新业态，其意义重要体现在两个方面。一方面，提高闲置资源配置和使用效率，化解过剩产能。通过扩大供给，通过互联网社会化平台，将闲置资源变成新供给，使个人的房屋、车辆、资金等资源能够在全社会范围内进行供需匹配，降低交易成本。同时，分享经济通过供给侧改革，扩大消费需求，有利于拉动国民经济增长。另一方面，推动大众创业、万众创新。分享经济不仅利用了闲置资源，还充分发挥了闲置劳动力，激发他们的智慧和潜能。在交通出行、众包快递等领域，互联网平台提供了大量的专职、兼职岗位，并且激发了全社会的创新活力。

分享经济是马化腾在2016全国两会中提出的五个建议之一，涉及"互联网+"落地措施、分享经济、互联网医疗、数字内容产业和互联网生态安全。其中关于分享经济，他认为，如何把闲置的社会资源，用移动互联网这种高效的方式，结合"大众创业，万众创新"的这样思路，把潜在的生产力挖掘出来，有助于中国经济实现"动力转换"，把服务业变成经济增长的"主引擎"。

一言以蔽之，分享经济即是利用互联网把已有的社会资源进行经济再开发，使经济再增长。

具体到中国而言，马化腾特别强调，分享经济可以作为推进供给侧改革的有力抓手，为服务业增长提供新动能，实质性地推动结构调整。一是分享经济通过互联网社会化平台，能将社会闲置的库存资源变成新供给。比如个人的房屋、车辆、资金和知识、经验、技能等资源，可以在全社会范围内大规模地实现供需匹配，同时还可以降低交易成本。二是能有效地扩大消费需求。一些餐饮类分享平台以分享个人经历等方式吸引有兴趣的人前去消费，促成了很多体验型、尝鲜型消费，提升了人们对服务的购买意愿。

2015年1月20日，在由中国国际经济交流中心和光明网共同主办的"十三五开局之年 新常态新机遇"研讨会上，Uber（优步）中国大数据专家江天表示，"分享经济理念就是达到一个供需关系的平衡"。

传统经济学理论认为，有需求才会有供给，而只有供需达到平衡，才能保证经济生活的顺利进行。但在当前的经济形势下，由资源配置失衡导致的供需关系不平衡已经产生了一系列问题。以出租车行业为例，一方面私家车95%的时间都是闲置的，另一方面打车难仍然普遍存在。

从实际情况看，分享经济在推动经济转型、新旧动能转化上取得了较为显著的成效。

分享经济有助于化解当前国内一些地区和一些产业存在的经济剩余问题。以国内房地产市场为例。据国家信息中心统计，国内待售商品房面积已经从2010年底的2.16亿平方米增加到2015年11月的6.86亿平方米以上，年均增长速度达到30%以上，房地产市场"去库存"的形势仍然较为严峻。按照分享经济思维，至少有两种做法可以较为快速地去库存：一是分享经济平台与开发商合作，批量签约来销售库存房源，这为开发商提供了增值服务，将促进有管家、带租约和可交换的房产出售；二是分享经济平台发展以租代售，通过连接开发商、业主和消费者，满足各类租房需求，迂回地盘活长期闲置的地产库存。

分享经济可以有效扩大就业，促进大众创业、万众创新，增加居民收入。据不完全统计，目前一批新兴在线雇用、众包快递等平台，已经提供了超过3 000万个全职和兼职就业机会。北京大学新媒体研究院在2015年6月所做的一项调研显示，滴滴平台旗下的出租车、专车、快车、代驾、试驾等服务，一共创造了近300万个就业岗位。

当前，我国的分享经济正从交通出行和住宿领域，拓展到个人消费的多个细分领域，同时企业端市场也正在逐渐成形，为绿色发展、可持续发展提供了条件。可以预见，这场已经影响了数亿人的分享经济风潮，将为我国经济增长注入一股强大的新动能，有助于中国经济实现动力转换，把服务业变成经济增长的主引擎。

# 分享经济的理论观点

西方经济理论需要发生一场革命。自斯密在《国富论》中谈到"利己主义"后，"理性经济人"就成了西方经济学的基本假设之一。理性经济人，被看作是追求个人利益最大化的化身，把利己看作人的天性，是只顾自己利益而不顾别人利益和集体利益的代表。

但在分享经济这个催化剂的作用下，这个利己主义的假设发生了变化。在新兴的互联网平台上，人们不再把所有权看作获得产品的最佳方式，不再注重购买、拥有产品或服务，反而更多地采取一种合作分享的思维方式，更倾向于暂时获得产品或服务，或与他人分享产品或服务。使用但不占有，是分享经济最简洁的表述。但这远远不是分享经济的全部。

分享经济的一个重要理念是使用而不占有，这是由Airbnb创始人布赖恩·切斯基(Brian Chesky)提出的。

Airbnb就是这样一个第三方平台，其在网站中自称为"社区型市场"。"Airbnb的起源就是一次纽约发生了严重的天气灾害，很多游客无法回家，一个旅馆标间的价格涨到1400美元以上。可与此同时，很多人出去度假，空闲了很多家庭住房，把这种出去度假人的房间租给游客用不是很好吗？按照以前的方式，如果我对某一资源或物品产生了需求，那么我一定会把它买下来，完全占有它。通常过一段时间，这项资源便处于闲置状态，也就是说，我们为了一时之需支付了不必要的额外费用。

而在分享经济下，我们追求资源的使用价值，而非产品本身，即使用所有权，而不占有所有权。这个理念强调在不影响所有权的情况下，对某一种东西的使用权的分享，比如出租多余的房间，分享你的驾驶和汽车，分享一段视频，分享一段文字。只要能够满足我们的需求，并不一定总是需要通过买卖获得所有权，而是可以进行租或借。

分享经济的另外一个理念是——够用即可。雷切尔·博茨曼在其畅销书《共享经济时代》中强调了这个理念。分享经济源自人类最初的一些需要，包括合作、分享、个人选择等。信誉资本带来了正面、积极的大众合作性消费，创造了一种财富和社会价值增长的新模式，而分享经济将颠覆传统消费模式。雷切尔相信我们处于这样的变革时期，我们正从大量的闲置和浪费的宿醉中苏醒。分享经济可以瓦解过时的商业模式，帮助我们跳过过度消费这种浪费的模式，并教会我们何为"够用即可"。

丽莎·甘斯基(Lisa Gansky)在其畅销书《独享不如共享》(The Mesh)中兼容了这两个理念，进一步提出，分享经济强调的两个核心理念就是"使用所有权"和"不使用即浪费"。

分享经济简单来说是一门把自己的闲钱、闲物、闲工夫，通过一些网站分享后赚钱的生意。如果分享经济仅仅是一门酷生意的话，如何解释它风靡全球，不光受到了民众的欢迎还受到了许多政府的推崇？如何解释它引发了众多学者孜孜不倦的研究解读，而全然没有一个共识呢？如何解释众多的企业，不光是服务业，甚至制造业的公司都在思考如何分享甚至推出以租代售的经营模式？这背后，定然大有文章。

随着分享经济的发展，"闲置就是浪费、使用但不购买"的新消费观念将逐步形成，利用更少的资源消耗满足更多人群的日常生活需求，为绿色发展、可持续发展提供了条件。

新的消费观念的产生激发了分享经济的发展，分享经济发展过程中的主流理念反过来又潜移默化地激发了新的消费观念的传播和影响。

在强调所有权的社会里，拥有私人物品的多少会被当作判断个人财富多少和地位高低的依据，以至于长久以来人们普遍崇尚"过度消费"。为满足欲望，人们不停地购买、不停地使用、不停地淘汰产品，甚至于不区分什么是真正需要的、什么是不需要的，因此导致闲置的物品囤积。而大量闲置物品的产生不仅对个人来说是极大的浪费，而且也会造成地球资源的过度浪费。

随着分享理念的深入人心，越来越多的人开始习惯"轻资产"的生活方式，大家不追求繁复的生活，而是将生活和工作分解开来，减少不创造价值的内容，充分发挥剩余部分的价值，从而推动环境的保护和资源的节约。分享经济改变了传统产业模式下的大规模生产产能过剩、排浪式消费的状况，形成了一种全新的社会供给模式，形成了物尽其用的可持续的消费理念。

例如，目前很多年轻人认为拥有一辆汽车已经不再是身份的象征，取而代之的是能拥有出行的自由。这种只想为产品的使用价值付费而不想完全占有产品的消费理念，颠覆了个体在传统工业中对私人产权的思维定式。在这种观念的影响下，越来越多的消费者开始选择"只租不买、按需付费"的方式。

所以，从上述分析来看，分享经济对经济社会发展的方方面面产生了诸多影响，主要表现在以下七个方面：

第一个方面：新动能：助力大众创新。

创新是生产要素的重新组合，通过分享、协作的方式搞创业创新，门槛更低、成本更小、速度更快，能够让更多的人参与进来。一方面，分享经济的发展使得生产要素的社会化使用更为便利，企业和个人可以按需租用设备、厂房及闲置生产能力，在更大范围内实现了生产要素与生产条件的最优组合，让创新变得更容易。另一方面，分享经济的发展降低了创新创业风险。对于很多创业者来说，借助分享经济平台进行低风险的"微创新"是实现更大创新的第一步。

第二个方面：新业态：打造新增长点。

从理论上看，分享经济通过刺激消费、提升生产效率、提高个人创新与创业能力，对于经济增长和社会福利都有积极作用。美国行动论坛的研究认为，2014年Uber、Lyft和Sidecar带来了5.19亿美元的经济增长。Airbnb在旧金山的一项调查显示，房屋分享带来了14%的新客户；日本的一项调查表明，独特的旅游体验让游客会有再次旅游和重复旅游的欲望，28%的游客表示如果没有房屋分享将会缩短在当地的停留时间。从中国的实践看，分享经济是新的经济增长点，各领域分享经济的发展均有大幅提升，仅出行领域2015年成交额就超过了500

亿元人民币。正如李克强总理在2015年夏季达沃斯论坛上所强调的：
"目前全球分享经济呈快速发展态势，是拉动经济增长的新路子。"

第三个方面：新模式：扩大有效供给。

在传统模式下，企业无法准确把握消费者需求，产能过剩、库存高压普遍存在，而在分享经济模式下凡是"下单"的都是有需求的，需求变得清晰可见。同时，分享经济可以快速调动各类社会资源，提高供给的弹性和灵活度，能够较好地适应不断变化的消费需求。基于网络的互动评价系统可以及时反映供需双方的意见和要求，有利于提高供给的有效性。

第四个方面：新组织：激发创新活力。

分享经济使得人们可以在边际成本趋于零的条件下通过协作进行生产、消费和分享自己的商品和服务，这就会带来经济生活组织方式的新变化。在分享经济模式下，越来越多的个体可以通过平台直接对接用户，不必再依附于传统专业机构，这种新的组织方式被称为"大规模业余化"。在《人人时代》的作者克莱·舍基眼中，人与人之间形成一种临时的、短期的、当下的组合，而不是一种长期契约。另一方面，越来越多的企业、机构也会参与到分享经济中来，通过众包、众创等方式组织整合社会资源，参与到创新活动中来，大大提升创新效率，并大幅降低成本。比如企业可以通过分享经济模式让全球最合适的人参与产品的设计营销等活动中，政府部门也可以通过众包方式提供公共服务。

第五个方面：新理念：实现低碳生存。

分享经济对于环境保护的作用越来越被人们所认知。《分享经济》作者蔡斯认为，美国有五分之一的家庭生活用品从以前的购买转向租用，平均每年减少近1300万吨的使用量，从而降低了2%的二氧化碳排放量。法国学者德马依（Demailly）和诺威尔（Novel）认为，在分享经济充分发展的情况下，服装、汽车、家具、电话、电视、玩具、体育用品以及园艺工具等都是可分享的物品，可以减少20%的碳排放。汽车分享对环保的积极影响方面有更加详实的数据支撑，如美国分享经济协会数据显示，每分享1辆汽车，可以减少13辆汽车的购买行为。滴滴出行发布的《中国智能出行2015大数据报告》报告显示，仅快车拼车和顺风车两个产品一年下来能节省5.1亿升汽油燃烧，减少1355万吨碳排放，相当于多种11.3亿棵树的生态补偿量。Uber提供的资料显示，其在杭州的拼车出行减少的碳排放相当于每三天增加一个西湖面积大小的森林。

第六个方面：新生活：促进灵活就业。

分享经济打破了传统的"全时雇佣"关系，在使就业方式更加灵活的同时，也增加了就业渠道与岗位。纽约大学教授Sundararajan研究称，2013年Uber在芝加哥创造了1049个新增就业岗位。在中国，整个家政行业的分享经济都是以灵活就业群体为主，全国家政行业大约有65万家企业，从业人员超过2500万。分享经济给富有创造力的个人提供了一种全新的谋生方式，人们不必依托组织即可供应自己的劳动力和知识技能，使得拥有弹性工作时间的个人和缺乏弹性劳动力的企业、机构均能利益最大化。

第七个方面：新治理：走向多元协同。

分享经济为社会治理体系创新提供了机会窗口。一方面，分享经济的发展对创新治理体系提出了新要求；另一方面，分享经济也为构建新的治理体系提供了经验和支撑。如出行、住宿、网络金融、在线教育等领域的分享实践面临诸多制度空白或制约，原有的法律法规和政策需要进一步修改完善。同时，分享平台在发展过程中也逐步建立起基于大数据的治理机制，在保证平台正常运行的同时，也为社会治理积累了宝贵经验，为推动社会治理向多元化、开放性协同治理转型创造了良好条件。

# 分享经济的实质是人人参与

在当今这个稀缺的世界里，人人共享组织可以创造出富足。通过利用已有的资源，如有形资产、技术、网络、设备、数据、经验和流程等，这些组织可以以指数级成长。人人共享重新定义了我们对于资产的理解：它是专属于个人的还是大众的；是私有的还是公有的；是商业的还是个人的，并且也让我们对监管、保险以及管理有了重新的思索。

分享经济已经深入到个人生活的方方面面，这种全新的经济形式究竟是为人们提供了便利，还是正在将人们推向深渊？

分享经济颠覆了很多传统行业，但也催生了许多独角兽企业。对于当下的企业与创业者而言，分享经济带来更多的是挑战，还是机遇？

当技术发展的速度超过了监管的能力，社会、经济、政治与法律制度之间的冲突变得危险而尖锐。那么，政府应该如何调节这一矛盾，引导分享经济的进一步发展呢？

我们知道，"分享经济"是指资源所有者将自己闲置的资源拿出来，供那些需要的人有偿使用。这是在互联网技术发展的大背景下诞生的一种全新商业模式。在国外，具有代表的分享经济模式是Uber和Airbnb，前者提供出行车辆服务，后者提供旅游租房服务。在国内，分享经济的主要代表有提供出行服务的滴滴快车、神州专车，提供旅游短租服务的木鸟短租、在线短租等。

分享经济的特征是大众参与，资源高效配置，用户体验更好。这种"不求拥有，但求所用"的新经济模式既符合供给侧结构性改革的要求，又满足了消费者的潜在需求，是中国经济发展的一股新动能。幸运的是，滴滴在意义非凡的分享经济大潮中扮演了先行者和实践者的角色。

2012年之前，滴滴通过信息匹配，完成了出租车与乘客的连接。后来滴滴发现即使80%的出租车司机已经加入了滴滴，很多乘客高峰期依然叫不到车，因此滴滴推出了专车、快车。

但很快滴滴发现不管有多少职业司机在平台上，高峰期依然不能满足所有的需求，所以滴滴把B2C和C2C结合起来，把那些非专职司机的空余时间、闲置资源分享出来。通过"人人帮助人人"的分享经济模式，才有可能把高峰期和平峰期的问题完美解决。所以滴滴推出了快车产品之后，又推出了快车拼车、顺风车、跨城顺风车。

现在，滴滴用90%以上的应答率和60%的拼成率，解决了打车难问题，同时将分享经济的模式与理念带到了中国400多个城市，让2.5亿中国百姓切实感受到了分享经济带来的便利与舒适。

伴随着滴滴的快速发展，人们常常思考这样一个问题：为什么分享经济在互联网时代突然火了？为什么是在出行行业？为什么滴滴成了分享经济的代表？分享经济在中国发展前景如何？对于这些问题，我们可以从以下四个方面回答这些问题。

第一，工业时代晚期的资源紧缺是分享经济出现的大背景。

在工业时代，物权的私有化是所有权的概念。由于工业化大规模生产，商品极大的丰富，让拥有经济得到了巨大发展。但是直到工业时代晚期，也就是最近十年，很多领域开始出现了资源紧缺。人们发现不可能每个人都能够拥有这么多的东西，因为空气、交通等很多领域，包括能源都有瓶颈，资源并不支持每个人欲望无限的索取，这是第一个大背景。

第二，在资源最紧缺的领域，孕育出了最先锋的分享经济。

这是因为交通资源、路面资源是中国交通发展最大的瓶颈。过去的十几年，中国汽车的保有量在快速发展，但是道路的发展跟不上车的发展。中国的车到底是不是很多？答案是：并不多。实际上中国只有1.5亿辆民用汽车，8亿的城镇人口，大概18%左右的人均汽车拥有量，不到美国的四分之一。但如果把汽车的数量从1.5亿辆提高到5亿辆，从现有的道路资源来看，完全不现实。因此，替代性的方案应运而生：在不增加汽车总量的情况下，通过更好的分享提高汽车的使用率。

第三，互联网平台是分享经济发展的先决条件。

没有互联网平台，分享经济是没有条件发展的。所有的分享都是互联网组织的。在互联网产生之前，拼车只能是邻里互助或者在路上举牌子，交易成本非常高，并没有可行的平台和组织方案。正是因为移动互联网的发展，智能匹配供需，解决信息不对称问题，加上交通行业存在的瓶颈，才使得整个分享经济开始在这个领域快速发展。

第四，中国将是分享经济发展最快、发展最大的市场之一。

中国与美国有很大的不同：中国买车非常贵，但是打车相对便宜；美国买车很便宜，开起来也很方便，但是打车非常贵。因此美国的穷人都是自己开车，有钱人天天在打车；中国恰恰相反，刚刚毕业的白领才会打车，一旦有钱就要去买一辆车。因为成本和性价比有优势，所以会有越来越多的人和车流向像滴滴这种共享出行的平台。分享经济和拥有经济的性价比的差异，使得用户更快地迁移过来，我相信中国有可能是分享经济发展最快、发展最大的市场之一。

此外，2016年，中国的"大众创业、万众创新"已进入新的发展阶段。资本、人才越来越成熟，创业门槛更低，将有越来越多的创业企业会加入分享经济的实践中来。庞大的用户需求、节俭的文化传统以及先期成功的实践，都预示着分享经济在中国将有无限的发展空间。

2015年，中国经济社会实现了历史性的"双过半"：服务业在GDP(国内生产总值)中占比首次超过一半，达到50.5%；中国社会互联网渗透率首次超过一半，达到50.3%。这标志着消费取代投资成为中国经济增长的主引擎，同时以互联网为代表的新经济逐渐占据主流消费市场。

2015年也是"互联网+"开局之年，社会各界积极拥抱互联网，以物联网、云计算、大数据为基础的创新创业浪潮风起云涌，在推动"双过半"的过程中起到临门一脚的作用。

2015年"两会"，马化腾曾提出《关于以"互联网+"为驱动，推进我国经济社会创新发展的建议》，希望能够利用互联网的平台、信息通信技术把互联网和包括传统行业在内的各行各业结合起来，从而在新领域创造一种新生态。2016年"两会"，马化腾提交的五份议案之一是《关于促进分享经济发展释放经济增长新动能的建议》。应该说，分享经济与"互联网+"有着一脉相承的关系，是"互联网+"在各行各业应用和普及过程中涌现出来的新模式，具有打破信息不对称、降低交易成本、提升劳动生产率的作用。经过一年时间，"互联网+"铺摊子、打基础的工作已经基本完成，未来将在教育、医疗、交通这些规模大、痛点多的垂直行业领域纵深发展。而分享经济很可能成为"互联网+"与这些传统行业结合的主要业态和模式。

也许目前分享经济还不足以成为定义一个时代的大词，但它为经济转型升级提供了重要机遇。一方面，这两年来围绕着出行、租赁等领域集中出现了一批新公司，创造了大批就业岗位。它们虽然分属不同行业，但都有一个共同的特征：围绕着包括人、服务、商品等社会剩余资源的供需关系再匹配，形成了一个前所未有的新经济模式。另一方面，发展分享经济已经成为全球的共识，从2016年中国《政府工作报告》到"十三五"规划纲要，到英国、法国、韩国等多个国家政府都提到要积极发展分享经济。

分享经济在全球范围内的兴起并非偶然，而是当前O2O(线上到线下)产业、互联网行业乃至整个中国经济在新常态转折背景下催生的一种新模式。分享经济虽然破土萌芽未久，却已表现出强大的爆发力和生命力，迅速地促进万事万物的互联互通。

# 移动互联网在分享经济中的作用

分享经济是指利用互联网等现代信息技术整合、分享海量的分散化闲置资源，满足多样化需求的经济活动总和。

今天，中国的互联网企业有很多已经领跑世界，这是分享经济时代中国人创新创业的力量，更是民族产业发展的骄傲。未来，以市场和技术创新为主导，以用户利益为根本，构建一个企业、政府"互通互联，共享共治"的"命运共同体"，让国家的发展和社会的进步插上互联网技术的翅膀，成为真正世界一流的互联网强国，这是我们共同的期望。

分享经济的时代已经来了，抓住时代的机遇，迎接世界的挑战，是每一个互联网企业的责任。

移动互联网提供了解决方案。只要有一台智能手机，随时随地都能查到交易双方的信息；当车辆预约、沟通、服务、交易都可以在一台巴掌大的智能手机上、短时间地实现整个流程时，移动互联网就打破了传统出租车行业所面临的时空限制，使得车辆共享成为可能。

这就有效解决了供需不平衡的问题，而它的关键在于移动互联网的发展。

滴滴关于出行的梦想，就是用互联网把所有的交通工具都连接到互联网上，用越来越强大的交通云，用越来越智能的引擎去调度一切，导航一切，提升整个城市的出行效率，提升每一个用户的出行体验；用分享经济的模式，让这个城市不再增加一辆私家车。滴滴的使命一直没有变过——"让出行变得更美好"。滴滴的愿望是成为全球最大的一站式出行平台。

2010年前后，移动智能设备在全球开始推广和普及，全球智能手机用户快速增长。1995年，全球手机用户数为8,000万，占总人口的1%。而到2014年，智能手机用户达到16.39亿人，较上年增长25%。智能手机用户占整体手机用户的38.4%。

移动迁移浪潮对分享经济的推动作用主要体现在以下两个方面：

第一个方面：供给端服务人员加速接入互联网。

从中国的情况来看，2013~2014年开始，以小米、华为、酷派为代表的国产手机厂商开始推1000元以内的智能手机设备。同时，三大运营商不断推出的流量套餐，也使得用户的移动互联网接入更为方便。智能手机设备以及接入费用的降低，带来移动设备渗透率进一步提升。尤其是在移动设备已经在一二线城市的中高收入人群、年轻人群普及的背景下，移动设备开始向更多中低收入人群进行普及。例如，出租车司机、进城务工人员等。

如果说中高收入人群和年轻人群尚存在PC端向移动端转移的过程，那么中低收入人群、进城务工人员难以拥有固定的PC上网时间，他们的互联网接入需求主要在移动设备上完成。中低收入人群、进城务工人员进入移动互联网，带来的是供给端被快速打开，他们可以轻易地接入各类平台，提供服务。

以中国为例，中低端手机的出现以及网络费用的降低，帮助大量的出租车司机、专车司机开始拥有智能手机终端。他们可以方便地接入滴滴、Uber等平台，并在平台上管理自己的服务时间。分享经济平台通过不断接入线下的零散服务人员，带来服务供应者的增加。当零散资源不断增加，下游用户的需求能快速被响应时，分享经济平台在其中撮合作用和规模效应才能得到的有效发挥。

第二个方面：任何时代和任何地点。

移动设备的普及，用户与手机几乎已经形成不可分离的状态。对需求端用户而言，他们需求的发出可以是实时的，并可以得到供给端服务人员的实时响应。同样，移动的LBS（location base service）功能得到大规模应用。分享经济平台可以匹配最快响应、距离最近的服务人员。

实际上，在移动端大规模普及前，美国的很多创业公司已经在分享经济上进行了尝试。Airbnb最初创立时主要在PC端，2013年推出了移动端。也正是在2013年，Airbnb的累计交易量呈现快速增长的趋势。更显著的案例是Uber/滴滴打车。由于交通出行应用对LBS功能具有极强的依赖，Uber和滴滴打车都是原生于在移动端的应用产品，伴随着司机/乘客大规模接入移动互联网，两个应用以惊人的呈现爆发式增长。但两个应用并非完全独创，在它们出现前，许多城市的出租车服务公司实际上也提供电招出租车的服务。但其对乘客和司机的匹配程度、响应速度都与移动端的叫车软件难以比拟。也正是在移动设备普及、GPS定位技术日益成熟的情况下，叫车软件才得到了快速的发展和普及。

# 分享经济中国化

"分享经济"的概念在中国说火就火了。从国家层面到商业层面的马化腾，这些有能力拉动大量产业投资的人物纷纷引进这个概念。

现如今，打车的、租房的、做饭的，只要是通过移动互联网经营，他们都说自己是"分享经济"。"分享经济"这个概念在中国突然走红，或许跟中国领导人在不同场合多次提到这个名词密不可分。有个传统说法叫"借东风"，如果政策的东风来了，你还不站在风口上的话，那真是比猪还笨。而政府愿意站出来提供这股东风，原因或许是"分享经济"作为一种新经济的商业模式，既能给那些本来要苦于找工作的人提供就业机会，又能发挥民间智慧擦出星星点点的创新火花，最终达成政府实现经济转型的目的。

2016年，李克强总理在政府工作报告上，强调要大力推动包括分享经济等在内的"新经济"领域的快速发展。"促进分享经济发展"、"支持分享经济发展，提高资源利用效率，让更多人参与进来、富裕起来。"分享经济，已经来到时代的风口。腾讯CEO马化腾在两会期间提了一个大胆的预言：分享经济将成为促进经济增长的新动能，助力服务业成为拉动中国经济的主引擎。

这是分享经济首次在"两会"上以议案的形式进入公众视野，并引起了高度的关注。当前，中国经济面临着巨大的下行压力。为此，中央提出供给侧结构性改革，基于分享经济开发的创新产品，通过闲置资源重整发展生产力，为供给侧改革发挥重要的助力作用。

什么是"供给侧"？从字面理解，"供给侧"就是相对于需求侧，涉及供给的各个方面。上世纪70年代发轫于美国的供应学派是"供给侧"经济研究的先声，并在大约10年时间里成为日后有名的"里根经济学"的基础之一。供应学派的诞生建立在反对凯恩斯主义的基础上。凯恩斯主义的核心是注重需求侧的管理，通过刺激需求达到经济调控目的，其典型工具是货币政策。尽管凯恩斯主义被一再证明在短期内确实行之有效，但长期来看，一味扩大需求会导致持续通胀，进而导致经济停滞。这正是里根和撒切尔夫人上世纪80年代在美、英上台时面对的局面。

在当时的冷战背景下，美英的通胀和经济停滞具有格外的政治放大效应，因此引发了学界和政界的反思。供应学派针对凯恩斯主义的弊端，提出了通过提高生产能力促进经济增长，而不是通过刺激社会需求促进经济增长的主张。基于这个基本认识，通过减税提高全要素生产率，成为供给学派最鲜明的口号。

里根上台后，于1981年将供给学派的主张结合货币学派的主张一起运用到经济管理中，并分解为削减不包括军费在内的财政开支，对企业和纳税个人实施大规模减税，减少对企业的干预，严格控制货币供应量等措施。这是"供给侧改革"的第一次大规模实践。

从里根经济学的实践效果看，总体是正向的。里根时期，从1982年12月至1988年5月，美国经济持续增长65个月，1984年，美国一度实现预算收支平衡。在此后的30年中，美国只在克林顿时期再次做到这一点。此外，美国的通胀率也由13.5%回落到低于5%。在更大的视野中，供给学派经济思想占重要位置的里根—撒切尔主义，因为度过了经济停滞危机而在冷战后期与前苏联的对抗中占据了主动。

不过，杂糅供给学派和货币学派的里根经济学，也有负效应。比如，减税计划导致里根执政期间赤字从一度平衡走向失衡，因为大企业受普遍减税的益处更多，里根时期美国的贫富差距进一步拉大。

自克林顿时期以来，出于平衡赤字的考量，供给学派失去了实践舞台。2008年金融危机以后，全球主要经济体重拾凯恩斯主义，着重用货币政策刺激需求。到今天，其弊端再次凸显：欧洲没有因为货币刺激解决债务危机，日本"安倍经济学"边际效应递减，货币战隐患出现。这说明，无论哪种经济思维，都不是放之四海而皆准的灵丹妙药。这也意味着，中国新提出的"供给侧改革"，必然要汲取国际实践的经验教训，作出符合自身实际情况的诠释。

美、英等国的供给学派思维实践，尽管能为中国的"供给侧改革"提供借鉴，但无论在内涵上还是路径上都会有很大不同。

无论是供给学派、货币学派还是凯恩斯主义，在各国的经济管理中都不可能单项使用。

上世纪80年代美、英等国的供给学派思维实践，尽管能为中国的"供给侧改革"提供借鉴，但无论在内涵上还是路径上都会有很大不同。

2015年12月21日闭幕的中央经济工作会议指出，引领经济发展新常态，要努力实现多方面工作重点转变。推动经济发展，要更加注重提高发展质量和效益。稳定经济增长，要更加注重供给侧结构性改革。会议强调，推进供给侧结构性改革，是适应和引领经济发展新常态的重大创新，是适应国际金融危机发生后综合国力竞争新形势的主动选择，是适应我国经济发展新常态的必然要求。

当前，中国经济已经进入新常态：经济增长从高速转向中高速，人口结构也开始迈向老龄化，消费对经济的贡献越来越大，但产能过剩与有效供给不足并存的现象依然存在。如今，分享经济已经上升为国家战略。从党的十八届五中全会公报到国家"十三五"规划纲要，都提到了要发展分享经济。

2015年11月15日，国家主席习近平出席二十国集团峰会并发表题为"创新增长路径共享发展成果"的重要讲话，提到"新一轮科技和产业革命正在创造历史性机遇"，并将分享经济作为推动改革创新的重要创新案例。

李克强总理在2015年夏季达沃斯论坛上的致辞中也肯定了分享经济。他指出："目前全球分享经济呈快速发展态势，是拉动经济增长的新路子，通过分享、协作方式搞创业创新，门槛更低、成本更小、速度更快，这有利于拓展我国分享经济的新领域，让更多的人参与进来。"

目前，我国经济面临着产能过剩的困境。中央不断强调供给侧结构性改革的重要性，提出去产能、去库存、去杠杆、降成本、补短板的任务和减少无效供给、扩大有效供给的目标。

而分享经济作为一种新的经济模式，在化解产能过剩和扩大供给方面不断给人新的思考。这种新生的经济形态是如何产生的？它究竟有何神奇力量？又能否为供给改革提供动力呢？

我们已经知道，投资、消费、出口是拉动经济增长的"三驾马车"，这属于"需求侧"的三大需求。而与之对应的就是"供给侧"了，也就是生产要素的供给和有效利用。打个比方说，中国人对手机的需求量很大，苹果手机甚是走俏，但是本土品牌却难有高端货。中国有很多生产电饭煲、马桶的企业，但中国人却不惜重金、不嫌麻烦地从日本往回背这些商品，而这背后折射出的就是中国长期对"供给侧"的疏忽。

优客工场创始人毛大庆说："'供给侧'跟'消费侧'，两边都参与到极致以后，这个分享经济才能发挥最大的作用，这一条是很重要的，'供给侧'的水平，包括管理者的水平、政策的水平以及消费者的认可，双方达到一个高度的时候，才能够将更大的经济效益发挥出来。"

由此看出，分享经济快速发展的土壤有几个先决条件：(1)必须是闲置的社会化资源，且不是传统的竞争性资源。共享的乐趣大过于单纯的按需购买。(2)供求一体化，且两头的终端是个人或小型经济组织。将闲散的个人资源加以整合售卖，形成资源流动。(3)互联网是最为重要的载体。互联网即时化使得分享经济需求得到迅速响应。这样来看，在互联网+大环境下，似乎"出行""旅游"最为适合发展分享经济。

可以说，分享经济是自下而上推动着经济制度变革，依赖于移动互联网技术的分享经济颠覆了传统商业模式，进而提升了经济运行的效率，而绝不可以像现在这样电信与联通在农村宽带市场狗咬狗搞恶性竞争，严重的资源重复建设给光缆设备商与手机制造商提供了发财商机。

当前互联网新时代的"供给侧"改革，不是简单的增加生产能力，而是增加消费端的基础设施供给，使得新供给创造新需求，新需求推动新消费，新消费倒逼新产业的产生和变革。"分享经济"不仅是国家战略，更是企业的必走之路。既是通过技术手段引发革命，又是通过产业"互联网+"分享经济产生化学反应。这一化学反应已经渗透到经济社会的各个方面，并带来了新一轮的业态变革，包括制造业业态、服务业业态、贸易的形态以及互联网本身的形态，更包括大数据集成协同创新系统的形态变化。这将成为我国未来经济发展的新动力，也是创新发展理念中最重要的内容。

但是，随着实践的发展，人们对分享经济意义作用的认识逐步深化，许多国家的政府部门对待分享经济的态度从观望、犹疑转向明确支持。美国在2012年4月就出台了《促进创业企业融资法》（Jumpstart Our Business Startups Act，简称"JOBS法案"），成为第一个股权众筹合法化的国家。2014年美国有17个城市议会和4个州通过了合法化专车的城市条例，到2015年8月合法化专车的城市与州合计就扩大到54个，而2014年之前这一数字还是零。2014年9月，英国宣布将打造分享经济的全球中心以及欧洲分享经济之都。欧洲议会工业、研发和能源委员会与内部市场和消费者保护委员会联合发布对数字市场新战略的立场文件，强调支持分享经济发展。加拿大安大略省、魁北克政府已经开始进行新法律框架的拟定和修改，并作初步调研工作，支持分享经济发展。澳大利亚政府对分享经济持乐观态度，如2015年悉尼政府采用政府主导、企业运营的模式推进汽车分享，并将"汽车使用分享"计划作为城市发展规划"悉尼2030"的一个重要内容；新南威尔士州宣布将通过法律途径使Airbnb等分享经济行业合法化。韩国政府对分享经济企业实施政府认证程序，并对有突出贡献的企业给予资金支持和宣传帮助，在2016年对相关法律法规进行了调整，以适应分享经济的发展。

# 分享经济快速发展

"在互联网时代，信息不对称被逐步消除。商品或服务的供需关系在网络的力量下变得十分清晰且透明。于是，精明的商界精英便利用这个机会在一些高频刚需市场动起了脑筋，房屋租赁、交通出行、家政、酒店、餐饮等领域迅速诞生了一众基于分享经济的创新企业。"这是中国移动通信研究院的一位顾问，对分享经济为何兴起的表述。

国家发改委城市中心交通规划研究院院长张国华也表示，以网约车为代表的分享经济业态提高了城市人的出行效率，其原因就在于互联网+技术解决了信息不对称问题。

"我近两年基本上既不坐私家车，也不坐单位的车，用的全都是网约车。"全国人大代表、清华大学政治经济学研究中心主任蔡继明说。

无论承认不承认，分享经济在2015年得到爆炸式发展。由中国互联网协会分享经济工作委员会牵头起草的《报告》称，2015年中国分享经济市场规模约为19560亿元，主要集中在金融、生活服务、交通出行、生产能力、知识技能、房屋短租等六大领域。2015年分享经济领域参与提供服务者约5000万人，其中平台型企业员工数约500万人，约占劳动人口总数的5.5%。保守估计，参与分享经济活动总人数已经超过5亿人。

《报告》指出，分享领域迅速拓展，从在线创意设计、营销策划到餐饮住宿、物流快递、资金借贷、交通出行、生活服务、医疗保健、知识技能、科研实验，从消费到生产，分享经济已经渗透到几乎所有的领域。一些领域在短短数年间就涌现出数百家分享型企业。

当前的统计数据并不能充分反应分享经济对增长与就业的影响。由于现有国民经济核算体系对于分享经济的统计并不全面，甚至可以说是空白，现有的统计体系所核算的GDP或许存在低估。

例如，英国仅对年收入超过4,250英镑的个人短租房征税，但其他分享经济模式如Uber等不征。澳洲低于7.5万澳元（约合5.4万美元）的年收入也不计税。就业的统计也有类似问题。

以美国为例，美国自由职业者联盟（Freelancers Union）的统计显示，目前美国有5300万人自由职业者，已经占到美国劳动力的34%。同时，填报1099报税单的自雇人员比例在近几年也在不断上升。但是标准方式统计的自雇型就业和多工作者（self employment, multiple job holding）在总就业中的占比却在不断下降。

这一矛盾反映了那些拥有1099收入的人可能认为这些不是常规工作，而没有披露。英国就业数据同样显示，在2015年，英国临时工作者、自雇型者和多工作者在总就业中的比例均下降。

现阶段，由于分享经济的规模还比较小，对总量GDP的衡量的影响不大，但随着分享经济范围不断扩大，加上统计科目的滞后性，经济增长被低估的可能性不能忽视。相对而言，物价数据受分享经济的扭曲影响较小。

这是因为现有的被CPI和PPI统计覆盖的商品和服务的价格，反映了总供给增加带来的竞争压力的影响。

上述的分享经济的实在和统计上的影响，可能部分解释了近年来发达国家"三低现象"。近几年，以美国为代表的发达国家经济持续陷于低增长率、低就业率、低通胀率的状态，除了经济周期和金融周期的影响外，分享经济的快速发展也是一个可能的因素。

分享经济的发展对于经济增长和就业的拉动并没有充分体现在现有的统计数据之中，物价指标则相对准确地反映了分享经济带来的物价下行压力。

不过，分享经济导致物价下降是资源更有效利用的结果，反映的是供给增加，是好的现象。这与劳动人口减少、贫富分化、或者资产泡沫破裂带来的需求疲弱有本质的区别。

当前主要经济体中（包括中国）这两种性质的物价下行压力均存在，但由于分享经济总体规模仍然较小，物价下行压力主要还是需求疲弱的结果。

但随着分享经济的扩张，准确衡量其规模和影响，对宏观政策的制定和操作很重要。也可以说分享经济给"十三五"规划期间宏观经济政策带来新的挑战。

中国经济已经进入新常态，正处在由10%左右的高速增长向中高速增长的转换过程之中，背后则是结构、动力、体制政策环境的转换，由此也可以称其为"转型再平衡"，即由高速增长平台上的供求平衡转向中高速平台上的供求平衡。以往长时期支撑中国经济高速增长的基础设施、房地产等相继出现历史需求峰值，出口的高增长也由于国内要素成本和汇率上升而难以为继。在需求增速回落的同时，供给侧相对应的重化工业也开始调整，但调整幅度远不及需求回落幅度，于是出现了严重的产能过剩，并引发了PPI超过40个月的负增长，导致了中国式的结构性通缩。与增速下行压力相比，更具挑战性的工业企业利润超过一年的负增长。利润负增长非同小可，持续下去将会加大金融财政风险压力。

中国经济达到中高速增长平衡点，将会有两个"底"。一个是"需求底"。房地产投资增速已经由以往的高增长回落到最新的月度同比负增长，当房地产投资增速由负转正时，将是房地产投资乃至中国经济从需求侧来看的经济增速触底的信号。另一个是"效益底"，即工业企业利润增速由负转正，并保持可持续的增长。这个"效益底"的出现，直接取决于减产能的力度和进度。但目前来看，仍有相当大的不确定性。如果"效益底"滞后于"需求底"迟迟不能出现，经济很可能落入低效益、高风险的特殊困难时期。

摆脱这种困局，首当其冲是高度重视并大力度减产能，同时解决其他领域"低效率洼地"问题。这样就涉及到需求侧政策的局限性。供给和需求是现代经济活动互为关联的两个方面。所谓"三驾马车"是对需求侧消费、投资、出口活动的通俗描述。有人以为讲供给侧结构性改革就是否定"三驾马车"。这种看法会导致误解，而且低估了供给侧结构性改革的意义。解决中国经济当下面临的转型期结构性问题，需求侧政策并非不可用，而是不能只靠需求侧政策，也难以将其作为重点。例如，对一个时期以来的通货紧缩现象，主张放松货币的声音很大。从成因看，中国目前的通缩与某些西方国家曾经出现的通缩全然不同，不是由于流动性不足，而是源于增长阶段转换期的结构性严重过剩。对此类通缩，仅是放松货币不大可能有效，这正是近些年连续降准降息、过剩问题有增无减的原因所在。在增长阶段转换的大背景下，需求侧的刺激政策主要是防止短期内增速下滑过快，而不可能通过刺激政策使过剩产能不再过剩。这个"度"过了，所刺激起来的很可能是短期内无现金流和经济效益、长远效益和社会效益也难以确定的低效或无效投资。另一个同样不能忽视的问题是，注意力放在需求侧刺激上，很可能错过减产能、实现转型再平衡的有利时机。

在这种情景下，供给侧改革的必要性、紧迫性显而易见了。供给侧改革也有宏观和微观之分。供给侧结构性改革不排除宏观政策的必要调整，比如采取供给学派所强调的减税等措施，但重点还是在微观层面，通过实质性的改革措施，进一步开放要素市场，打通要素流动通道，优化资源配置，全面提高要素生产率。具体地说，优先和重点的改革领域包括如下几项。

第一，对减产能要采取果断管用办法，在一定时间内取得实质性进展。理想办法是通过市场化的优胜劣汰挤出过剩产能，但在现有体制条件下，尤其对国企占主导地位的重化工业领域，市场机制作用有限。可考虑由国家层面确定减产能总量，按现有产能将减产配额分配到各地，同时允许配额交易，这样优势企业可以不减，还可以去买劣势企业配额。同时在解决"人"和"债"问题出台得力政策，如将部分国有资本转入社保基金，解决职工安置问题；对相关银行坏账允许核销等。同时要推动优势企业主导的市场化的兼并重组。

第二,进一步放宽准入,加快行政性垄断行业改革。放宽准入,既要"放小",更要"放大",在行政性垄断问题突出的领域,如石油天然气、电力、电信、铁路、医疗、教育、文化、体育等领域,引入新的投资者,鼓励和加强竞争。有的领域,表面上看投资已经不少了,如果放宽准入,还有降低成本、提供效率的很大空间。我们现在最需要的,是那些能够真正提高效率的投资。

第三,加快城乡之间土地、资金、人员等要素的流动和优化配置。中国城市化还有很大发展潜力,但重点不在现有的大城市,而在大城市之间。要把以往孤岛型城市转变为网络型城市,进一步拓展城市带、城市圈,在大城市之间带动大量小城镇发展,推动互联互通和基本公共服务的均等化,带动人口居住和产业布局的再配置,由此将可引出可观的基础设施和房地产投资机会。农民要进城,城里的人员、资金等也有到小城镇和下乡的意愿,要下决心打破城乡间土地、人员、资金等要素流动、交易、优化配置的诸多不合理体制和政策限制。农民所拥有的资产只有在法律所规定的基础上允许流动、允许交易,价值才能充分显现,利益才能得到真正维护。

第四,加快产业转型升级、精致生产。尽管服务业比重超过制造业,但制造业仍然是国家竞争力的核心所在。服务业中发展潜力最大的生产性服务业,直接服务于制造业转型升级。必须牢固确立制造立国的理念和政策导向,推动制造业由粗放经营转向精致生产,倡导"工匠精神",把活做精做细,提高附加价值比重,向全球价值链的中高端提升。借鉴日本等国的成功经验,全面实行加速折旧政策,此举相当于向企业减税,同时起到促进设备更新、扩大投资需求的多种效应。

第五，尊重创新规律基础上培育创新环境。与模仿为主的发展相比，创新面临的不确定性大大增加。必须通过市场上的大量试错，提高创新成功的概率。政府习惯于居高临下地做产业规划，但创新从本质上说是很难规划的，最重要的着力创造有利于创新的环境，包括保护产权特别是知识产权，稳定企业家、科研人员的预期，排除泡沫经济的扰乱，促进创新要素流动，培育人力资本，改造金融支撑体系等。要把培育创新环境与地方竞争结合起来，推动形成若干个有吸引力、影响力的创新中心。

以上重点领域改革，集中于要素市场，这将是供给侧改革的主战场。过剩产能、低效无效要素要出去，有竞争力的、创新的要素要进来，通过生产要素的进一步解放、流动和优化配置，攻占经济生活中仍然随处可见的低效率洼地，形成全面提高要素生产率的新格局。

在供给侧结构性改革中，企业盈利水平是需要特别关注的核心指标。中国经济转型，一定意义上说就是企业盈利模式的转型。增长速度和效益的关系相当复杂，在特定增长状态下，存在着一个最优结合点。上面的分析表明，存在严重过剩产能的较高增长速度，将会降低企业利润，这就存在着稳增长与稳效益的矛盾。只要企业盈利处在一个正常或改进的状态，增长速度高一点、低一点就不会成为很大问题。也可以说，与企业好的盈利状态相对应的速度就是一个合理的、好的速度。我们曾经提出过"企业可盈利、就业可充分、财政可增收、风险可控制、民生可改善、资源环境可持续"的"六可"目标，其中核心是企业可盈利，这一条好了，其他几条才有保障。供给侧改革是否深入并取得成效，企业盈利水平将是一个关键的度量指标。

对于供给侧改革，从党的十八届三中全会到十八届五中全会已经讲了很多，大的部署都有了，关键是要把文件变成实践，顶层设计和基层试验互动。顶层设计主要是管方向、划底线。改革中到底哪些措施真正有效管用，还是要给出地方、基层和企业更大的空间来试验，通过试错、比较、改进，找出符合实际、确有实效的办法。这也是我国过去30多年改革开放最为重要的一条成功经验，应该说现在依然适用，并可在实践中进一步拓展和提升。

# 把资源分享给别人

由于供给方提供的商品或服务是闲散或空余的，而非专门为需求方提供的。供给方从商业组织演变为线下的个体劳动者。因此，需要有一个平台对数量庞大的需求方和供给方进行撮合，就产生了分享经济的平台公司，这也是未来商业组织的发展趋势。

如何化解产能过剩一直都是一个令人各国政府头疼的问题。结合我国的经济形势，中央提出了供给侧改革，强调从供给端发力。

预测分析通信行业在分享经济时代，供给侧结构性改革或倒逼四大通信运营商加速整合。分享经济与供给侧结构性改革，已引起社会公众的高度关注。当前，由美国资本主义私有化市场化所导致的产能过剩，恶性经济危机月经周期正在全球蔓延，中国通信央企经济增长动力面临着巨大的下行压力。为此，中央提出供给侧结构性改革，基于分享经济中通信设施建设维护的铁塔公司，通过对几家运营商网络资源的整合，为供给侧改革中的光进铜退，物联网与电子商务产业发展以及全网通4G手机的统一国标，基站与社会渠道的共建共享都发挥着积极重要的推动作用。

1937年，英国经济学家、诺贝尔经济学奖得主罗纳德·科斯在他著名的文章《企业的本质》中最早提出"交易成本"的概念。科斯认为，由于雇用比外包成本低，因而企业多是选择前者，进而企业一步步发展壮大，形成大型企业。但当代分享经济鼻祖罗宾·蔡斯在《分享经济：重构未来商业新模式》这本书中认为，在互联网时代，科斯的这一经典理论正在发生变化。

以酒店行业为例，希尔顿酒店创立于1919年，在88个国家拥有3800多家酒店，是世界上最大的酒店集团之一。然而，希尔顿集团用了将近100年积累的成就，美国共享空间企业Airbnb（空中食宿）只用了4年就做到了，目前它的用户遍布全球190个国家近34000个城市，业务和营业额实现了惊人的指数型增长，估值已超过250亿美元。

不同于希尔顿这种传统大企业"投资–扩大规模–盈利–投资"的发展模式，Airbnb充分发挥了个体的自主性，把每个用户都当做生产商和消费者。简单地说，Airbnb只做了两件事：一是挖掘到大量的闲置资源，并把这些信息汇聚起来；二是利用了移动互联网技术打造交易平台。

随着移动互联网的发展，智能手机和高速无线网络的普及使得个体自主性越来越受到重视。在这种状态下，每个人都是一个信息汇聚中心和传播主体，每个人都是雇主和雇员。新兴的分享经济企业不再生产商品，而是提供信息和交易平台。

简而言之，移动互联网使得每个人都能成为一个独立的"企业"，每个人都能生产"商品"。

分享经济就是将你闲置的资源共享给别人，提高资源利用率，并从中获得回报。分享经济的理念是共同拥有而不占有；分享经济的本质是互助和互利。

事实上，共享概念早已有之。传统社会，朋友之间借书或共享一条信息、包括邻里之间互借东西，都是一种形式的共享。但这种共享受制于空间、关系两大要素，一方面，信息或实物的共享要受制于空间的限制，只能仅限于个人所能触达的空间之内；另一方面，共享需要有双方的信任关系才能达成。

# 第二章
# 深度研究分享经济

　　分享经济模式更侧重个体化、定制化，基于社交网络打造交易平台 对于产品或服务消费者而言，分享经济模式下的信息流通不再是一次性从商家到买家的过程，而是伴随着信息流的流动在这两端间循环共享，实现资源的充分利用。从这个意义而言，共享消费作为一种整体活动,也可以看作是一种探寻新型低碳电子商务模式的途径。更为重要的是，分享经济模式下的价值和信息流动是以社交方式进行的，在社交概念下点对点交易所带来的优于传统电商模式的定制化和个体化是真正符合新阶段消费者的诉求。

# 分享经济的本质

分享经济的本质是通过整合线下的闲散物品或服务者，让它们以较低的价格提供产品或服务。对于供给方来说，通过在特定时间内让渡物品的使用权或提供服务，来获得一定的金钱回报；对需求方而言，不直接拥有物品的所有权，而是通过租、借等共享的方式使用物品。

与传统的酒店业、汽车租赁业不同，分享经济平台公司并不直接拥有固定资产，而是通过撮合交易，获得佣金。正如李开复所说"（Uber、阿里巴巴和Airbnb三家）世界最大的出租车提供者没有车，最大的零售者没有库存，最大的住宿提供者没有房产"。这些平台型的互联网企业利用移动设备、评价系统、支付、LBS等技术手段有效的将需求方和供给方进行最优匹配，达到双方收益的最大化。

在狭义的分享经济主要是指通过分享闲置物品或服务，获得一定的报酬。其中涉及对物品使用权的暂时转让。随着85后、90后逐渐成为消费的主力军，与70、80年代人不同，他们在成长过程中几乎没有感受过物质的匮乏和短缺；他们对新鲜事物的接纳更加快速。从此种意义来看，新兴人群对于"拥有"和"所有权"的观念在逐渐淡化，他们更注重的是，在有需要的时刻被满足。以满足出行需求为例，过去强调的是拥有一辆轿车，甚至是一个专职的司机。而未来通过分享经济，大多数人很可能并不需要专属于自己的轿车。当需要较长时间自驾时，可以通过P2P租车的方式租到一辆适合的车。比拥有一辆车更方便的是，人们可以根据自己当前的自驾需求租赁不同配置的车辆——可能是适合户外的SUV或者是适合城市的家用小轿车。而在自行购车的场景下，这是难以实现的；当需要临时、短途出行时，则可以通过Uber、滴滴专车等方式。互联网通过资源的整合与调配，让每个人在有出行需求的时候，能够暂时的"拥有"一辆车或者一个专职司机。

滴滴打车于2012年9月在北京正式上线，在上线伊始只提供出租车预约服务。而快的打车于2012年8月在杭州正式上线，两家公司一直处于竞争状态，双方互相通过提高对用户和司机的补贴金额以期获得更高的市场份额。在2012~2013年，市场出现了多个移动打车应用，如摇摇招车、打车小米、大黄蜂等。而滴滴和快的凭借出色的地推团队和执行能力，在成立不到一年的时间内分别获得腾讯和阿里的投资，得以快速成长。在获得巨头青睐后，滴滴和快的进行了疯狂的补贴大战。打车市场由滴滴和快的两家垄断。

2015年2月，在快的打车完成6亿美元D轮融资后的一个月，滴滴、快的两家公司宣布合并。由此，国内的打车软件市场形成了一家垄断的格局。

根据2014年4季度的数据，在国内打车软件市场份额中快的打车占比达到56.5%，滴滴打车占比达到43.3%，共同的占比达到99.8%。

在获得了垄断性的市场地位后，滴滴快的公司一方面对出租车司机端进行了持续的补贴；另一方面，利用滴滴出行上聚集的海量用户，开始向专车、顺风车、代驾、大巴等多个移动出行领域进军。

滴滴更名为"滴滴出行"，并在顺风车、专车、代驾等多个领域内进行布局，要做"全球最大的一站式出行平台"。从出租车业务开始，滴滴打车每一轮融资都获得了巨额的资金。从资本对其的青睐可以看出，滴滴的故事并不仅仅止于出租车、黑车合法化（专车），而是通过滴滴平台，整合所有出行、交通领域。

应用场景1：

出行大数据：滴滴平台通过出租车、快车、专车的呼叫服务，实时呈现城市的交通状况、人流分布。2014年底，滴滴打车曾推出《平安夜出行数据报告》。报告显示，当晚全国乘坐出租车出行的约有3000万次。深圳市的出租车高峰出现在下午15点，北京则出现在16点。其中，北京市有3.2%的用户打车去北京西站，2.6%的用户打车去首都机场。滴滴平台上每秒钟可发出数千个出行请求。这些请求对于城市管理者监控城市道路状况、人流分布和流向，个人了解道路出行情况都是极有帮助的。

2015年，滴滴上线智能出行平台苍穹。滴滴平台上所有的所有的专车和出租车数据都将汇聚到平台上，为用户和司机提供参考。

应用场景2：

从私人交通到公共交通：除了目前为个人服务的出租车、专车业务外，滴滴目前已经向更公共的交通领域拓展。目前，滴滴正在北京试运行滴滴巴士业务。滴滴巴士是一种"直达班车"业务，在北京通州、回龙观等小区集中的区域开设通勤巴士，开往中关村、亦庄等办公聚集地。这种为某一地区乘客定制巴士的服务，实际上在传统公交汽车公司也尝试过开展。但是由于信息不对称，传统公交公司通常难以征集到足够多的乘客。而即便征集到足够多的乘客，乘客也需要负担固定的费用（整月、整年）以确保巴士的正常开行。而滴滴平台上足够多的用户，沿路的乘客共享该辆巴士，每个用户可以只为当天或第二天的座位付费，而不需要支付固定的费用。

滴滴巴士只是整合的一步，未来在定制公交、智能巴士、校车、员工班车等多个方面，都将可能出现滴滴的身影。

应用场景3：

不只是交通：当前滴滴的定位是个人的出行，通过移动互联网的方式更好的帮助每个人更便捷、多样化的出行。未来，在打通城市交通的情况下，滴滴可以为货物"出行"、服务"出行"提供可能。这样的可能，Uber已经在美国多次尝试。例如，美国用户可一键呼叫冰淇淋车服务，一键呼叫烟花燃放服务；也可以通过Uber享受"当日达"的快递服务。当滴滴平台上的用户持续扩大，滴滴也就有可能从成为链接各种线下服务、线下货物的平台。

# 分享经济中的信息共享

　　创新性的商业实践通常都是领先于制度与法律进程，在这个过程中，不能强迫新生事物符合旧的制度框架，需要给创新留有试错的余地。分享经济发展带来的挑战需要通过制度层面的积极调整予以回应和因势利导，而不是用固有的条条框框去扼杀创新。从未来发展趋势看，支持和鼓励创新将成为政府监管与各项制度设计的基本原则，有利于新事物成长的"试错空间"将越来越大，分享经济充分发展的红利将惠及每一位社会成员，推动人类走向更加开放、包容、和谐的信息社会。

　　我们发现，在狭义的"分享经济"产生之前，互联网已经帮助一大批用户习惯于在虚拟空间内分享他们的虚拟产品——可能是一张照片、一条博文、一首音乐或者是SNS上的一个状态。用户在分享这些虚拟产品时，并不需要形成实物的交割，而仅仅是一个虚拟产品的传递。但正是由于web2.0时代，带来的UGC、wiki等概念的火热，帮助互联网用户在分享经济的早期建立起共享的概念与习惯。

目前，85后、90后被称为"互联网的原住民"。他们在成长过程中，最早接触互联网，使用互联网的应用。因此，他们很早便建立起在虚拟世界中共享、分享信息的概念和习惯。2006年，美国《时代》周刊将年度人物授予全球所有网民，"社会正从机构向个人过渡，个人正在成为新数字时代民主社会的公民"，因此他们将2006年的年度人物授予互联网上"内容的所有使用者和创造者"。可以说，不仅是85后等互联网的原住民，随着互联网的普及，所有网民已经养成了在互联网上与全球共同分享信息的习惯。

世界上最基础的信息就是地球本身。可是从古至今没有人将它完完整整地量化过和数据化过。事实上这些信息的组成部分就是人和事物的地理定位，否则古人怎么会有"所谓伊人，在水一方"的诗句，只不过数据化是这些信息现在面临的问题。

西方的希腊是量化位置信息最早的地方。早在公元前200年，埃拉托色尼就创造了划分区域的格网线系统，这就类似经纬度法。不过这一系统很快就退出了历史舞台，和古代的很多好想法一样。过了1500年，也就是1400年，一本由托勒密撰写的《地理学》的影印本一路辗转从君士坦丁堡到了佛罗伦萨，那是一个科学和古典知识的热点被文艺复兴和贸易船只点燃的时代。这本著作一下子轰动了整个欧洲，这套系统直到现在仍然被用在解决航海导航的难题之上。自此地图上出现了经纬度和比例尺。1570年佛兰德制图师墨卡托改良了这套系统，从此海员出海时就可以通过它来完成最为笔直的航线了。

尽管记录地理方位的方式当时已经出现了，可是广为认可的标记标准却还未问世，信息共享还有非常大的难度。人们都在呼唤一套标准的标记系统，这和后来的人们呼唤互联网的域名一样。经过了一个漫长的时间经纬度的标准化才出现。1884年，国际子午线会议在美国华盛顿召开，与会的25个国家中有24个都同意将本初子午线和零度经线穿过的地方规定为英格兰的格林尼治。到了20世纪40年代，用墨卡托方位法世界被完全分为了60个区域，世界地理定位的精确度因此提高。

有了这个所有的地理定位信息，也就有了标准化数值范式的标记、记录、测量、分析和共享。可是人们却很少这么做，原因是在模拟数据时代，所有测量和记录地理位置信息的费用都太高了，这也奠定了人们呼吁低成本地理方位测量工具出现的基础。直到20世纪70年代，还必须依靠地标、天文星座、航位测量法和还未成熟的无线电定位技术来为地理位置定位服务。

1978年发生了一场巨大的转变，简称为GPS的全球定位系统，总共24颗卫星首次成功升天。地面上的汽车导航系统、智能手机以及其它的接收器都能接收到它的信号，再利用接受时间上的差异来完成三角定位，而这些信息均源于离地面20372米的高空。这个系统到了上个世纪80年代首次开放民用，90年代正式投入使用，还开放了商用。十年之后GPS的精确率大幅提升。今天，地理定位系统已经完成了精确到米的定位，也因此实现了古今中外航海家、制图家和数学家的梦想。在和技术手段结合之后，定位系统的发展非常迅速，同样也降低了自身的成本，而这一切都不需要依赖任何专业知识。

每时每刻定位都提供了众多的信息。可能的话，埃拉托色尼或者墨卡托可以定位所有他们所处的位置，这不依赖任何人。不过假设这是可行的话，也不够现实。接收器早期的成本是很高的，技术也很复杂，它只适用于潜艇而不是出租车。幸运的是，数字设备中廉价芯片的普及让一切都发生了变化。20世纪90年代GPS的价格还高达几百美元，现在已经降至1美元以下。如今的GPS的定位仅仅需要几秒钟的时间，它的方法是标准化的坐标表示法，像是37°14′06″N 115°48′40″W，就是内华达州偏远的51号区域，那里有一个美军的高级保密的军事基地，据称那里的秘密就是有很多外星人。

GPS现在是众多定位系统中的一种，包括中国和欧洲国家在内的众多国家都开始了自主产权卫星定位系统的开发工作。不论是哪种系统都要依赖电塔和无线路由器的信度来确定地理位置，所使用的技术仍然是三角测量，这在一定程度上填补了GPS在室内和高楼中缺少定位的缺陷，这是谷歌、苹果等众多公司纷纷要用开发定位系统来辅助GPS的原因。例如谷歌就利用街景车（Street View Cars）一边拍照，一边来收集无线路由器的信号，而苹果的IPHONE手机本身就是一个移动的信号接收器，在不知不觉的情况下就会收集用户的位置和无线数据，再传回苹果公司。此外谷歌的安卓系统和微软的手机系统也在做同样的工作。

人和事物的地理位置同样都可以被定位。汽车安装上无线传感器，地理位置的数据化也会因此带来保险概念的深刻变革。数据当中包含了时间、地点和实际行驶路程的所有信息，保险公司可以依据这些来为车险定价。英国的车主买保险就是依据他自身的驾驶地点和时间，这些和他的年纪、性别和履历关系都不大。这种保险定价的方式能激发人们更好的行为习惯。与此同时保险的基础也发生了改变，从前考虑的是一个群体的风险，而现在则是个性化的风险分析。汽车定位了每个人的地理信息使得某些固定资产投入的模式也有了改变，例如适用公路和其它基础设施的司机和其它人也能够因此分担其中的部分投入。当然上面所说的这些在所有人和事都以数据形式保持持续定位之前还是很难实现的，而这是未来的一种趋势。

莱维斯曾经说过："预测给我们的是知识，而知识给予我们的是智慧和洞见。"他相信这个系统在用户意识到问题之前一定会预测且解决问题的。

人类身上的数据化实时位置信息运用最为突出。这么多年来无线运营商为了提升移动互联网的服务水平总在收集和分析这些信息。而这些数据的应用范围越来越广泛，很多第三方的新服务也开始倚靠这些数据了，就比如说智能手机不论是否有定位功能，但无一例外地在收集此类信息，另外一部分应用程序的存在目的就在于获得用户的位置信息，像是Foursquare，用户可以在最喜欢的地方"check in"，然后经过忠诚度计划、酒店推荐还有"check in"地点附近的各类推荐来得到好处。

收集用户的地理位置数据的能力无疑已经成了最为有价值的能力，即便是个人层面，他居住的地方和他想要去的地方这些数据都可以用来预测要如何定制广告，何况聚集起这些信息还能发掘事物发展的趋势。例如大量的位置数据可以为公司预测交通情况提供帮助，或许这一点很难想象，高速公路上的手机居然替代了汽车数量和移动速度来预测了相关的趋势。Air Sage每天将收集来的手机用户的150亿条位置信息进行处理，为超过100个美国城市提供各类交通信息。而Sense Networks和Skyhook两个位置数据服务商则是利用地理位置数据来推测每天晚上最繁华或是最热闹的地方聚集了多少人。

只是在商业之外未知数据的应用价值似乎更大。麻省理工学院的媒体实验室人类动力学实验室主任亚历山大·彭特兰和他的学生南森·伊格尔（Nathan Eagle）就是最先进行"现实挖掘"研究的学者。所谓"现实挖掘"其实就是在收集大量手机数据基础上进行处理，以此来发现和预测人类的行为。他们的一项研究分析了每个人去了哪里，见了谁，还将易于感染流感的人群给区分出来了，这种区分甚至是在易于感染的患者尚未感染之前就做出来了。一旦暴发了严重的流感疫情，无数人的生命就会因此被挽救，很显然要隔离哪些人，到哪里去找到他们是很容易做到的。不过这些数据若是落入坏人手中，后果难以想象。

无线数据科技公司Jana的创始人是伊格尔，他收集了100多个国家、超过了200个无线运营商的手机收据，这当中有拉丁美洲、非洲、欧洲在内的35亿人口。伊格尔研究的问题很简单，是关于每一周家庭主妇要去几趟洗衣店，用什么肥皂的问题，当然也有在城市当中疾病如何传播的重大问题。此项研究，伊格尔和他的同事们利用非洲预付费用户的位置信息和账户的余额来结合分析，发掘出成正比的是资费和收入，预付费越多的人往往都是富有的人。除此以外，他们还有一个相悖于直觉判断的结果，事实上贫民窟除了是贫困中心外，还会成为经济繁荣的跳板，这当中最重要的一点是，他是在间接利用手机的位置信息，本身和移动通信之间没太大的关系，而这些数据最开始是为了移动通信而产生的。总而言之，一旦有了数据化的位置信息，所有信息的新价值都会应运而生。

总之，分享经济的信息共享全面发展既对政府治理创新产生了显著的"倒逼"效应，也为构建多方参与的协同治理模式提供了经验积累、技术与数据支撑。协同治理既是分享经济发展的客观要求，也是其必然结果，政府、企业、社会组织、用户在其中分别发挥重要且不可替代的作用。

就政府而言，既要为分享经济发展创造宽松环境，又要妥善处理创新引发的利益平衡矛盾。尤其是在分享经济发展初期，多数企业和产业发展仍处在探索创新阶段，政府可以在建立和完善补位性、底线性和保障性的制度和规范等方面多做一些工作，如及时修改已经明显不适用的法律法规，研究制定以用户安全保障为底线的创新准入政策，尽快完善适应新业态发展的社会保障机制。加快推进公共数据开放和社会信用体系建设，积极利用大数据等新技术手段实现精准治理。

对企业而言，企业内生性治理将成为社会协同治理的重要组成部分，并发挥日益重要的作用。分享经济平台在发展过程中形成的准入制度、交易规则、质量与安全保障、风险控制、信用评价机制等自律监管体系，既保障了自身的可持续发展，也成为政府实现有效监管的重要补充。企业发展过程中形成的大数据为政府监管提供重要依据，在个人信息保护方面的责任也明显加大。

就社会组织而言，产业联盟、行业协会在加强产业间联系与协作、推进信息共享和标准化建设等方面将发挥越来越重要的作用。美国的Indiegogo公司、RocketHub公司和Wefunder公司三家自发联合成立了众筹业务监管协会，英国的Zopa公司、Funding Circle公司和RateSetter公司发起成立了P2P网贷协会，对加强行业自律、促进与监管部门沟通等发挥了重要作用。近年来国内分享经济各领域也出现了许多行业组织，在促进协调沟通、资源共享、行业自律等方面将发挥更大作用。

# 分享经济中的共享平台

"分享经济"从狭义来讲，是指以获得一定报酬为主要目的，基于陌生人且存在物品使用权暂时转移的一种商业模式。这其中主要存在三大主体：商品或服务的需求方、供给方和分享经济平台。分享经济平台作为移动互联网的产物，通过移动LBS应用、动态算法与定价、双方互评体系等一系列机制的建立，使得供给与需求方通过分享经济平台进行交易。据统计，2014年全球分享经济的市场规模达到150亿美金。预计到2025年，这一数字将达到3350亿美金，年均复合增长率达到36%。与传统的酒店业、汽车租赁业不同，分享经济平台公司并不直接拥有固定资产，而是通过撮合交易，获得佣金。这些平台型的互联网企业利用移动设备、评价系统、支付、LBS等技术手段有效的将需求方和供给方进行最优匹配，达到双方收益的最大化。

提及分享经济，大多数人首先想到的是以Uber为代表的打车软件。Uber自2009年成立以来，以一个颠覆者的角色在交通领域掀起了一场革命。Uber打破了传统由出租车或租赁公司控制的租车领域，通过移动应用，将出租车辆的供给端迅速放大，并提升服务标准，在出租车内为乘客提供矿泉水、充电器等服务，将全球的出租车和租车行业推入了一轮新的竞争格局。

与Uber类似，Airbnb源于的两位设计师创始人在艺术展览会期间出租自己的床垫而引申出来。Airbnb，意为在空中的"bed and breakfast"，旨在帮助用户通过互联网预订有空余房间的住宅（民宿）。同样由于供给端的迅速打开，以及Airbnb所提供的各具特色民宿，Airbnb在住宿业内异军突起，预定量与房屋库存开始比肩洲际、希尔顿等跨国酒店集团。

2000年之后，随着互联网web2.0时代的到来，各种网络虚拟社区、BBS、论坛开始出现，用户在网络空间上开始向陌生人表达观点、分享信息。但网络社区以匿名为主，社区上的分享形式主要局限在信息分享或者用户提供内容（UGC），而并不涉及任何实物的交割，大多数时候也并不带来任何金钱的报酬。

2010年前后，随着Uber、Airbnb等一系列实物共享平台的出现，共享开始从纯粹的无偿分享、信息分享，走向以获得一定报酬为主要目的，基于陌生人且存在物品使用权暂时转移的"分享经济"。

分享经济的本质——整合线下的闲散物品或服务者，让他们以较低的价格提供产品或服务。对于供给方来说，通过在特定时间内让渡物品的使用权或提供服务，来获得一定的金钱回报；对需求方而言，不直接拥有物品的所有权，而是通过租、借等共享的方式使用物品。分享经济的发展——去中介化和再中介化的过程。去中介化：分享经济的出现，打破了劳动者对商业组织的依附，他们可以直接向最终用户提供服务或产品；再中介化：个体服务者虽然脱离商业组织，但为了更广泛的接触需求方，他们接入互联网的分享经济平台。分享经济平台的出现，在前端帮助个体劳动解决办公场地（WeWork模式）、资金（P2P贷款）的问题，在后端帮助他们解决集客的问题。同时，平台的集客效应促使单个的商户可以更好的专注于提供优质的产品或服务。分享经济生而逢时："共享"概念早已有之，信息共享是web2.0时代最大的特征之一，而分享经济则彻底是移动互联网下的产物。1）全民移动化，尤其是服务提供者（如出租车司机）开始接入移动互联网，打开分享经济的前端供给；2）移动支付：移动支付随着移动互联网的应用而普及，支付的全面应用成为保证分享经济平台的便利性、中介性的最重要条件；分享经济平台提供了供给方与需求方的互相评价机制、动态定价机制，成为分享经济发展最佳的注脚。

分享经济龙头已现。Uber和Airbnb作为全球分享经济产业内的龙头，在过去几年迅猛发展，两家成立不到10年的企业，当前估值已经分别达到510亿美金和255亿美金。其中，Uber公司成为全球估值达到500亿美元用时最短的公司（5年零11个月），并超过小米成为全球估值最高的非上市科技公司。

分享经济将成为社会服务行业内最重要的一股力量。在住宿、交通、教育服务以及生活服务及旅游领域，优秀的分享经济公司不断涌现：从宠物寄养共享、车位共享到专家共享、社区服务共享及导游共享。新模式层出不穷，在供给端整合线下资源，在需求端不断为用户提供更优质体验。

我们以Uber模式下的私家车共享为例来分析分享经济给供需双方带来的收益。

假设私家车车主以50万元购买车辆，每年维护保养费用为3万元。假设车辆使用寿命为10年，每年平均驾驶里程为5万里，车主每年自身驾驶里程仅为2万里，剩余3万公里为闲置资源。目前市场上出租车价格为3元/公里（扣除燃料费），若该车主定价为2元/公里（扣除燃料费）。不考虑车主为分享经济平台所需支付的佣金，那么，闲置的3万公里每年可为车主带来额外的6万元现金流。与仅个人使用相比，在车辆使用的10年内，车辆共享带来的净现值收益为36.9万元。而对于需求方乘客而言，出租车价格为3元/公里，高于私家车的出租价格2元/公里。假设乘客每年乘坐出租车的需求为3万公里。则需求者乘坐私家车代替市场上的出租车，每年可节约3万元。在10年时间内，乘客乘坐私家车的净现值收益为18.4万元。

由此可见，共享式经济的核心在于共享，其字面意思指的是个体间直接交换商品或物品、服务的系统。理论上，这涵盖方方面面，包括搭车、共享房间、闲置物品交换等。所有这些交换皆可通过网络实现，尤其是通过智能手机。这种个体间直接交换的系统，在任何时间均可实现将世界各地成千上万的人们连接起来。其核心解决的问题是按需分配，既合理地调配资源，又需要在一定程度上控制风险。

# 分享经济的催生源于产业过剩

分享经济的迅速崛起和发展并非偶然，产能和供给过剩等社会经济背景是推动分享经济发展的前提。市场经济下产能扩张与收缩交替演化的周期性使得当前很多行业都面临产能过剩问题，包括中国在内的发展中国家也日益从一个所谓的短缺经济迈向一个供给过剩的经济形态。期间冗余或者过剩产能所形成的物质基础也就为分享经济提供了一个巨大的"产能供给池"。

以全球汽车行业为例，根据OICA（全球性的汽车制造商组织）提供的相关数据显示，2014年1–12月份，全球主要汽车制造商累计生产汽车8990万辆，同比增长3%，其中客用车量产量也达到8600万辆，同比增长2.7%。通过对比全球客车的年产量和在用车数量，平均约50%的使用率表明汽车产业的产能已大大超越了实际使用需求。

经济过剩，在企业层面体现为闲置库存和闲置产能，在个人层面则表现为闲置资金、物品和劳动力盈余。"分享经济"的最大特征就是通过更低成本和更高速率激活社会存量资源来促进经济发展，完全颠覆了以往依靠不断投入刺激经济增长的传统思路，是一种通过大规模盘活经济剩余而激发经济效益的经济形态。目前"分享经济"主要体现在个人层面，即个人将闲置资源通过网络平台分享，借以实现一定经济收入；同时也在向企业侧渗透，企业间生产设备的共享已经开始实践。

如今，分享型消费成为时尚，各类分享模式企业呈指数级扩张，"分享经济"浪潮席卷全球，已潜移默化地融入了百姓生活。

在当今这个稀缺的世界里，人人共享组织可以创造出富足。通过利用已有的资源，如有形资产、技术、网络、设备、数据、经验和流程等，这些组织可以以指数级成长。人人共享重新定义了我们对于资产的理解：它是专属于个人的还是大众的；是私有的还是公有的；是商业的还是个人的，并且也让我们对监管、保险以及管理有了重新的思索。

依据中央经济工作会议精神，2016年的结构性改革重点围绕着去产能、去库存、去杠杆、降成本、补短板五大任务。其中，去产能位列五大任务之首。

产能过剩问题是中国经济多年来的痼疾，也是未来供给侧改革的重中之重。国务院总理李克强在主持召开国务院常务会议时明确提出，对不符合国家能耗、环保、质量、安全等标准和长期亏损的产能过剩行业企业实行关停并转或剥离重组，对持续亏损三年以上且不符合结构调整方向的企业采取资产重组、产权转让、关闭破产等方式予以"出清"，清理处置"僵尸企业"。清理"僵尸企业"是为了让其不再占用有效的资源，但在清理时要充分发挥"社会政策托底"的作用。要坚定处置"僵尸企业"，使产能和总需求大体均衡，止住产品价格下跌态势，让优质企业增强信心。

可见未来在清理过剩产能、处置"僵尸企业"方面国家将重拳出击，但同时，也要求相关去产能工作要"稳妥"进行。中央经济工作会议提出，在化解产能过剩时要提出"失业人员再就业和生活保障以及专项奖补等政策"、"要尽可能多兼并重组、少破产清算，做好职工安置工作"。

所以说，去产能要"转大弯"，不要采取直接破产停业的方式，而是推行兼并重组的方式，平稳去产能。不要在短时间内企业停工、员工下岗，对于工人再就业问题，国家财政也需要给一些政策支持。

去产能需要一个比较缓慢和稳妥的过程，统筹兼顾就业问题。去产能不是一天半天的事，要慢慢来，逐步地去产能。既要去产能、去库存，也要考虑就业压力，要有新的就业岗位的产生。

分享经济已经深入到个人生活的方方面面，这种全新的经济形式究竟是为人们提供了便利，还是正在将人们推向深渊？

分享经济颠覆了很多传统行业，但也催生了许多独角兽企业。对于当下的企业与创业者而言，分享经济带来更多的是挑战，还是机遇？当技术发展的速度超过了监管的能力，社会、经济、政治与法律制度之间的冲突变得危险而尖锐。那么，政府应该如何调节这一矛盾，引导分享经济的进一步发展呢？

在当今这个资源稀缺的世界里，人人共享组织可以创造出富足。通过利用已有的资源，如有形资产、技术、网络、设备、数据、经验和流程等，这些组织可以以指数级成长。人人共享重新定义了我们对于资产的理解：它是专属于个人的还是群体的；是私有的还是公有的；是商用的还是个人使用的。人人共享也让我们对监管、保险和管理有了重新的思索。通过挖掘大众群体的多样化，这些组织充满创造力并具有了指数级成长的能力。人人共享重新书写了价值创造的法则：分享资源会带来最高效率；分享知识会带来最伟大的创新。

人人共享正在推动这个工业化社会转型为分享经济社会。传统经济发展所基于的理念是，财富是通过一点一滴地囤积资产再将其售卖累积起来的。这就是我们发明专利、版权、商业机密、证书和保密条例等的原因，也是我买了一辆车、买了上百张唱片的缘由。我们都会存储东西，将它们放在身边保存好，相信这就是我们（包括个人、企业、机构和政府在内）获取价值的方式。这样做的结果就是造成了巨大的损失——本可以被充分利用的产能严重过剩。在仔细研究那些人人共享组织成功的原因时，我们一次又一次地看到了开放、关联资产和理念所能带来的巨大价值。

在这个变化无常的世界里，人人共享带来的合作能使我们以前所未有的速度、规模和品质发生着改变。创造力、创新、复原力和信息冗余是每一个人人共享组织的本质特征。这是现在这个时代所需要的结构：我们可以在这样的平台上快速地试验、重复、适应和发展。我们能以更节省成本、更快速的方式来解决问题，能将全球化的问题通过本地化来解决。老旧的工业化经济模型无法解决气候变化带来的问题，因为发展得太慢、太没有效率、太过孤立。人人共享正在使我们的经济发生翻天覆地的变化，为不断消失的工作岗位、不断加大的贫富差距以及日益严重的资源稀缺问题给出自己的答案。

将个人拥有的过剩资源分享给其它人使用，并获得某种意义上的收益，这就是分享经济。当前，全球范围内诞生了大量的共享型企业，用全新的方式满足人们日常衣食住行学等方面的需求。例如，改变了人们出行方式的滴滴出行；改变了人们住宿方式的Airbnb；改变了人们学习方式……

"分享经济"充分体现了创新发展理念，"分享经济"的发展，将加速供给侧改革和经济转型升级，有助于改变传统消费观念、保护和节约资源，能够为"大众创业、万众创新"注入新活力。当前我国"分享经济"尚处于起步阶段，亟须加大制度呵护，加快创新发展。

一、普及"分享经济"理念，助力"绿色消费"。"分享经济"使得"占有但不拥有、使用但不购买"新消费观念和模式逐步盛行，这种绿色消费的模式更少资源消耗而满足更多人群需求，必将极大促进国家绿色发展。为此需更多民众了解"分享经济"的益处，主动投入其中。

二、创新监管模式，破除行业准入壁垒。分享经济监管面临两难问题：沿用传统管理理念，可能会阻碍发展，有悖国家战略；放任不管，则可能导致新问题不断，社会矛盾与纠纷加剧。监管应转变思路，创新政策，破除壁垒，而不是扼杀发展。

三、树立安全质量标准，完善信用体系，保障消费者切身利益。必须为"分享经济"确立最低限度的安全和质量标准，让民众放心参与"分享经济"活动；必须高度重视"分享经济"的信用价值，加强社会征信体系和平台信用评价体系建设并有效对接，让信用成为互联网世界的通行证。

四、加大政策支持力度，试点"分享经济城市"建设。借助政府财政和各类基金项目，为"分享经济"平台提供资金支持。政府可率先垂范，将"分享经济"纳入政府采购范畴，使用"分享经济"平台选择差旅住宿和交通方案。部分城市可试点"分享经济"模式，以城市为单元，建立统一分享平台，有效调节资源供需矛盾。

尽管发展势头蓬勃，但分享经济在发展过程中也面临着诸如监管、供给、利益调整等多方面的制约和挑战。

相关监管还有待进一步与时俱进。当前国内产业监管思路倾向于区域与条块等管理方式，注重事前审批和准入。但在分享经济时代，融合性新业态大量出现，突破了传统的细分式管理模式，导致多数分享经济模式都有"违法"嫌疑，面临随时都可能被叫停的风险。因此，面对分享经济新型商业模式、经营方式等与传统产业的不同，监管部门不能削足适履，强迫新事物符合旧的监管框架，应因地制宜地调整监管策略，坚持具体问题具体分析，及时清理阻碍发展的不合理规章制度，促进分享经济发展。

创新引发的利益调整加大了统筹协调难度。比较典型的是在出行、住宿行业，分享经济拥有突出的成本优势和全新的商业模式，使得相关领域的传统企业面临一定的压力，不可避免地使分享经济遭到了一些质疑和阻挠。但是分享经济与传统企业也有很多相互融合的例子，比如林肯汽车与CustomMade(一个设计师在线沟通平台)制造商合作，共同设计高端汽车珠宝，Walgreens(沃尔格林)与TaskRabbit(一个任务发布和认领社区网站)合作将处方药送到家，Home Depot(家得宝)使用Uber(优步)快递圣诞树。未来，分享经济和传统企业融合发展的例子会越来越多。

基础设施能力不足限制了更多民众参与进来。分享经济是互联网高度发达的产物，其需求广泛存在于我国城乡各地。然而，国内网络基础设施建设还有待进一步提高。首先，中国仍然有一半人口尚未直接使用互联网，他们之中有相当多的是残障人士、老年人、老少边穷地区居民，我们应该让他们有机会融入移动互联网世界，享受分享经济带来的红利。其次，移动宽带4G/3G(第四代/第三代移动互联网)还需要在老少边穷地区加速普及。再次，上网的资费依然偏高，有进一步降低的空间。

从长远看，分享经济仍然是移动互联网发展的阶段性成果。随着科技的发展、人们观念的变化、商业模式的迭代，未来必然还会推陈出新，涌现出新的模式。万事万物可能还会以当下无法想象的方式更紧密地联系在一起，而对于未知的探索和孜孜以求的实践正是人类社会生息延绵的魅力所在。

未来80%以上的产业都将被分享经济所改变。特别是在政府工作报告都指出要发展分享经济的大环境下，一定会有更多的个人、组织和行业加入分享经济行业中。谁能够抓住分享经济的风口，谁就有可能赢在"人人分享，人人获益"的时代。

## 循环经济是对闲置资源的利用

　　分享经济里所说的"共享"是指对个人闲置资源的共享。这一点在相当长的时间内，并不成为一个重要的问题。就在中国创业公司伴米在硅谷"闯祸"事件发生后。对个人所有的资源进行共享，并获得一定的收益，才是分享经济的核心实质。

　　个性化旅游平台伴米网是通过接入海外的兼职导游资源，让本地居民带领出境游游客进行个性化的旅游体验，例如，参观海外名校校园、品尝私人饭店/酒庄的菜肴等。其初衷是利用海外华人的闲暇时间、本地化经验，为自由行的出境游客提供更个性化的服务。

　　伴米网最初拓展的海外城市旧金山硅谷是科技公司集中的区域。2015年9月，一位Facebook华人员工因收费将游客带入公司内进行参观和享用公司午餐，一共有三名华人员工在此事件中被公司开除，甚至有拿到Facebook公司offer的新员工，由于在伴米上进行了实名注册，被Facebook公司直接收回offer。此事件在海外华人圈引发轩然大波，硅谷包括Airbnb、苹果、Facebook等公司开始调查此事。

可以说，伴米网让游客体验海外真实生活是一个有益的分享经济尝试。但分享经济中所谓的"共享"是利用属于自己的闲置资源，将其分享出去并获得一定的收入，而远非利用公司的、公共的资源进行共享，并为共享者带来利益。而这其中涉及的公司保密问题、公共资源侵占问题，都并非是分享经济的初衷。

优客工场创始人毛大庆说："我们肯定对写字楼和办公产业是一个冲击，这个是毋庸置疑的。这里头我们也碰到过一些困扰，我们在利用闲置产能，房地产项目里面有太多闲置产能。"

闲置汽车产生了很多过剩产能，空闲的座位和汽车的闲置时间并没有利用起来。现在有了分享经济，这些闲置资源都能被有效的利用起来，这样交通拥堵和空气污染的问题也会减少，同时开车的人还可以从中获得经济利益。这就是一个将过剩产能有效利用的分享经济循环。

世界经济论坛全球青年领袖峰会在报告《循环经济创新与新型商业模式》中提到分享经济是循环经济的补充，同时分享经济和协同消费都能释放闲置产能——尚未开发的社会、经济和环境的价值以及没有被充分利用的资产，现在可以通过技术平台重新分配。

朱丽叶·斯格尔(Juliet Schor)在报告《争议分享经济》(Debating the Sharing Economy)中认为，分享经济活动可以分为四类：再循环、提高耐用资产的利用率、交换服务和共享生产性资产。

第一类，再循环。代表有早期的eBay和Craigslist，2010年之后的thred Up和Thread ip(一个二手精品衣饰交易平台)，以及免费交换网站

Freecycle和Yerdle，物物交换网站Swapstyle.com。

第二类，促进耐用商品和其他资产的集中和使用，提高耐用资产的利用率。在交通领域有创始者Zipcar，同时有汽车租赁网站Relay Rides，拼车服务Zimride，用车服务Uber、UberX、Lyft，自行车共享有波士顿的Hubway和芝加哥的Divvy Bikes;在住宿领域，有创始者Couchsurng，还有Airbnb。

第三类，服务交换。最开始是时间银行，后来有TaskRabbit和Zaarly。

第四类，生产性资产的共享，目的不是为了消费，而是为了生产，比如黑客空间、Makerspaces、Skillshare.com和Peer-to-Peer University。

# 第三章
# 分享经济的消费新模式

　　分享型经济的商业模式精髓在于是否能彻底重构一种连接，将消费者碎片化的资产整合，以打破痛点创造颠覆性的体验，在消费者感到安全和一致的时候，最终实现价值的释放。

# 分享经济的体系创新

我们知道，新一代信息技术与创新2.0的互动演进推动了分享经济的发展，分享经济是信息经济发展的典型创新2.0模式。

分享经济体系形式各异，但都是运用信息技术让个人、公司、非盈利机构以及政府掌握大量信息以让他们可以分配、共享及再利用过剩的商品和服务。该体系的共同前提是，有关商品的信息被共享以后，该商品对商家、个人以及社区的价值也随之增加。

分享经济的商业模式来自于我们人类最古老的本能——合作、共享、慷慨、个人选择以及灵活多变。具体模式包括租赁、易物、借贷、赠送、交换以及合作组织等所有权共享形式。很多最受欢迎的模式都是基于所谓的"双面市场"，该市场是由第三方研发、建立并维护的一个信息技术平台，其功能为共享各类经济活动信息。

对应其它的经济模式，分享经济的优势体现在，首先分享经济供给产生的方式和传统的商业完全不一样。分享经济中供给是一种闲置资源的社会化利用的体现，不是传统以盈利为目的的经营性活动，因此分享经济看待成本的方式和传统经营是有区别的。比如酒店的客房定价时，会把租赁、装修、人员培训、设备折旧等费用和人员工资等累加在一起作为成本；而一个闲置的房源如果从理论上已经是沉没成本时，极端情况下租出去的价格即使1块钱，对于房东也是赚钱的。

其次，分享经济的主体是个人或者小型的经营组织，极大地降低了大型经营性组织的管理成本，很多情况下，规模大并不意味着成本低，这在一些经济学家的研究成果中已经有很多的体现。因此去工业化、去中心化是分享经济另一个重要特征，也是其供给成本更低的重要潜在因素。但要实现这个作用，就要认识到分享经济的发展是一个去中介化和再中介化的过程。

去中介化/去机构化（deinstitutionalization）：

在传统的供给模式下，用户是经过商业组织而获得产品或服务。商业组织的高度组织化决定了它们提供的主要是单一、标准化的商品或服务。同时，劳动者或服务提供者需要依附于商业组织，间接地向最终消费者提供服务。分享经济的出现，打破了劳动者对商业组织的依附，他们可以直接向最终用户提供服务或产品。

再中介化：

个体服务者虽然脱离商业组织，但为了更广泛地接触需求方，他们接入互联网的分享经济平台。过去，优秀的个体劳动者是难以脱离商业组织而存在的。因为，脱离有组织的商业机构意味着他们需要自行解决办公场地、资金、客源、营销等非常繁多的问题。而分享经济平台的出现，在前端帮助个体劳动解决办公场地（WeWork模式）、资金（P2P贷款）的问题，在后端帮助他们解决集客的问题。分享经济平台成为劳动方和需求方的中介，帮助他们参与到"比较复杂的市场经济职业"。同时，平台的集客效应促使单个的商户可以更好地专注于提供优质的产品或服务。个体服务者脱离商业组织后，成为独立的劳动单位，与分享经济平台的关系松散：他们可以接入多个平台，可以根据自己的需求调节服务提供时间，不再受到商业组织的制度束缚。另一方面，这种松散的关系反而促使并激发他们提供更多样化、个性化和有创意的服务或产品，以获得消费者的口碑和好评，以此帮助他们在平台上更好地集客。

去中介化的过程伴随着前端供给能力快速释放，为产品和服务的供给带来非标准化的可能性。在分享经济的平台下，供给端的创造力被激发，他们更倾向于提供非标准化的产品和服务，以形成个人产品独特的品牌。我们认为，分享经济平台的极大优势在于：

（1）整合线下资源

以Uber为例，它将线下闲置车辆资源聚合到平台上，通过LBS定位技术、算法，将平台上需要用车的乘客和距离最近的司机进行匹配，从而达到对线下车辆资源整合的目的。

除在全球除提供用车服务外，Uber还开始尝试将线下其它有需求的零散资源整合。2015年3月，Uber在杭州推出"一键叫船"服务，用户通过Uber的客户端，可以预约西湖的摇橹船。而在这之前，Uber还在美国、印度、澳大利亚等地推出预约直升飞机的服务"Uber Chopper"。Uber的专车首先会将乘客载到直升机机场，乘客搭乘直升机达到目的地后，Uber专车会将乘客直接送至酒店，最终完成服务。除此之外，Uber在中国曾经推出过一键呼叫舞狮队、胡同三轮车，甚至是一键呼叫创业公司CEO等个性化的活动。Uber公司最大的想像力就在于此。这个以用车功能搭建起来的平台，未来有可能将线下多种资源整合，成为线下零散服务在线上的重要出口。

（2）降低成本，提升配置效率

分享经济的出现，降低了供给和需求两方的成本，大大提升了资源对接和配置的效率。这不仅体现在金钱成本上，还体现在时间成本上。

对供给方：

降低成本：供应方不需受雇于某些组织或公司而直接向客户提供服务并收取费用。通常，个体服务者只需要向平台支付一定的佣金。而有些平台（例如Airbnb）是向消费者收取佣金，个体服务者不需要支付任何费用。

更易获客：分享经济平台上聚集了大量客源，服务/产品提供者只需要在分享经济平台上注册即可获得客源，省去获客寻找客源的时间成本。

闲置资产变现：所有者的闲置资产得到了有效利用，共享物品或服务可以令其闲置资产变现，从而为整个市场带来更多供给。只要共享价格高于共享需要付出的成本（例如资产的折旧），对劳动者而言就能获得经济利益。

对需求方：

供应方成本的降低促成个人提供的共享服务价格往往低于企业所提供的服务。当使用共享服务的成本低于从市场上租用或购买该标的的成本时，需求方选择共享标的就可以相对获益。

以北京为例，非高峰时期10公里路程如果需要40分钟（其中10分钟低速或等待）的话，搭乘出租车需要33.70元，而使用滴滴快车或人民优步只需要25元，价格较出租车便宜25%。酒店业同样如此，全球各大城市普通酒店价格普遍高于Airbnb价格，有的甚至达到Airbnb价格的两倍多。

（3）提供非标产品

Airbnb以独特的民宿体验成为分享经济的重要平台之一。Airbnb并不致力于提供标准而廉价的酒店，而是通过bed&breakfast为顾客提供具有本地化、人情味丰富，或者独特的体验。Airbnb在瑞士雪山的缆车上提供豪华套房，在旧金山提供搭建于树上的树屋。由于Airbnb是一个开放的分享经济平台，随着平台的壮大，Airbnb的房屋出租者为了在众多供给方中脱颖而出，他们也在房屋的布置、装潢上更花费心思。他们为用户提供配备智能家居设备的房间、榻榻米屋、卡通主题屋等，或向用户介绍本地的独特娱乐、游玩体验。

提供独特：大多数商业机构追求标准化的服务，而个体服务者可以提供更为多元和个性的服务/商品，甚至追求提供独特、无可替代的体验。Airbnb最基本的功能是帮助用户通过互联网预订有空余房间的住宅（民宿），让Airbnb平台名声大噪的原因并非是其基本的预订功能，而是租客能在Airbnb的房屋中得到独特的住宿体验。

个性化民宿：房东（host）通常会根据自己的喜好、当地的特色将房间布置成个性化的风格。例如，在房间内配备智能体重秤、智能灯具等各种智能硬件设备的房间；修建在大树上的"树屋"，或者是在欧洲城堡里的花园洋房等。

本地体验：Airbnb的房东希望帮助房客（guest）在旅行时以当地人的视角去体验。他们通常会为房客准备详细的入住指南，并在其中提供最本地化的旅游建议、餐饮建议。

情感社区：Airbnb上构建的房东与房客关系并非简单的主客关系，而是以出租的房屋为空间，本地房东与外地房客之间的情感社区。房东与房客之间分享各自的生活状态、交流旅行经验，甚至房东会邀请房客参加他们组织的party等。

事实上，以Uber为代表的打车平台，仍然满足的是一种个性化的需求。平台根据用户所提交的目的地信息，将每个用户的个性化需求推送至司机端。在供给方和需求方个性化需求提出后，分享经济平台为他们提供了自由匹配的可能性：平台将所有乘客的用车信息推送到每个司机手机上，供司机选择合适的乘客。

（4）树立个人品牌

在Airbnb等固定空间、服务使用时间相对较长的分享经济服务上，劳动和服务提供者不再是商业组织的雇员，他们可以通过提供服务树立起自我的品牌。在商业组织中的雇员，很难脱离组织形成自我的品牌，劳动者从属于公司，形成单一的雇佣关系。因此有了希尔顿、洲际等著名的酒店集团。而在分享经济下，个体劳动者的品牌价值被放大。消费者从传统对商业机构品牌的认可转向对提供服务人员个人价值和品牌的认可。例如，在Airbnb上提供优质独特住宿体验的房东，会形成个人品牌。租客明确知道房屋的独特和舒适是由房东打造的，而并非由一个酒店集团或Airbnb平台提供。在果壳网所打造的知识共享平台"在行"上，平台对每一位共享知识的老师进行"包装"，包括雇佣专业的摄影师团队为其拍摄个人照片、撰写个人故事并进行传播等，从而形成个人的独特品牌。

分享经济平台所提供的机制凸显了个人的品牌、信誉。供给方不再使用商业组织的头衔而直接面向顾客提供劳动或服务。他们在庞大的商业组织中，被忽视的能力和才华，可以通过分享经济平台得到进一步的发掘。他们通过提供优质、个性化的服务，获得了比在商业组织内更大的成就感、知名度。

由于复杂的国内外经济形势，我国现在在经济发展过程中面临着一些阻碍与困难，经济下行压力较大，环境问题日益严重。目前我国经济的主要工作是优化产业结构，推动社会经济的可持续发展。分享经济通过对社会闲置资源的利用，有利于充分调动各个行业的积极性，减少浪费，充分利用现有资源，创造经济价值，将为我国的经济发展注入一股新的动力。

# 分享经济与协同消费

追根溯源的话，分享经济应该算是一种比较古老的经济模式。1978年的《美国行为科学家》杂志上就对其进行过论述，不过当时该经济模式被称作"协同消费"或"合作式消费"。在我国古代学者的著作里也有类似的提及。比如：明代冯梦龙的《东周列国志》中所说的"人人分其仰事俯畜之物产财力"，大体就是这样一种境界。

2015年秋，腾讯研究院做了一个统计，发现分享经济热潮正席卷全球，已经有几十亿消费者从中受益。到了2016年春节过后，分享经济不仅在北美、欧洲、亚洲和大洋洲有了长足的发展，而且在非洲也开始萌芽。

而分享经济得以风靡，却是从2008年开始的。这一年，智能手机和APP进入了我们的生活，大数据和云计算不断开始发展，分享经济模式的实践者Airbnb也应运而生。此后几年，分享经济更是大放异彩，展现出了其强大的生命力，在世界范围内以几何级速度扩展开来。

虽然"分享经济"一词，对普通的大众来说，仍然相当陌生，但其给我们的生活带来的便利却是触手可得的。

举一个简单的例子：你打算独自一个人到旧金山旅游，但高昂的住宿费用和人生地不熟的窘境让你屡屡受挫，假设使用Airbnb网站选择住所的话，不仅费用更加优惠，你还有可能遇到一位爱好交友的屋主，如果运气更好的话，你自己的房屋也可以在此期间租给他人，获得一笔额外的收入。

正如Airbnb创始人Nathan Blecharczyk曾经提到的，分享经济是一个对非常多的人开放的机会，一直以来在社会上，为了找到一份工作，你必须足够聪明，你需要获得更高的学历，只有非常努力，你才能找到一份不错的工作。而分享经济创新的地方在于，如果你有房子，你喜欢招待客人，你就可以参与其中，并得到回报。这种颠覆性的商业模式，如今已经开始改写全球经济格局。

截至2015年底，全球分享经济的规模大约在300亿美元，该模式的领军企业如Uber、Airbnb等的身价不断水涨船高，分享经济模式的拥趸也逐渐庞大。

反观国内，也涌现出了一批分享经济的追随者，比如短租行业的蚂蚁短租、途家，租车行业的滴滴顺风车、嘀嗒拼车等。

分享经济作为一场经济变革，我们所见到的这一切，是其多年厚积之下的薄发。分享经济不是新生事物，在2000年已经开始出现，甚至还可以追溯到更早，但一直不温不火，2009年出现了实质性的大幅增长(即2008年金融危机后)，而最近几年则出现了井喷——从2014年至2016年，短短3年内，流入分享经济的风险资金规模增长了5倍多。

根据Crowd Companies(一家机构)的统计，2014年和2015年两年的投资额分别为85亿美元和142.06亿美元(合计227.06亿美元)，而自2000年到2013年全球流向分享经济的投资额累计才43亿美元。

不仅如此，从行业覆盖来看，分享经济也正加速渗透到人们衣食住行的诸多领域，深刻改变着人们工作和消费的方式。目前，分享经济涵盖教育、健康、食品、物流仓储、服务、交通、基础设施、空间、城市建设以及金融等各个领域。参与分享的主体也不再仅仅是个人，出现了企业级分享的趋势。分享经济对国民经济的修复和重塑，大大超出了人们的预期。

有很多学者和机构认为，分享经济的内涵与协同消费、按需经济、零工经济等类似。细细体会一下，你会发现分享经济与这些概念都有交集，有的时候甚至高度重合，但又貌合神离，各有差异。

基于此，我们就要对这些概念作出认识：所谓协同消费，从字面理解，这是一种群体消费模式，许多消费者抱团消费，比个人消费更有议价优势。

雷切尔·博茨曼认为"分享经济"就是"协同消费"。她跟人合作写了一本书来阐述这个观点，书名是"What's Mine Is Yours: The Rise of Collaborative Consumption"，中文意思是"我的就是你的：协同消费的崛起"，出版后的题目被译为《分享经济时代：互联网思维下的协同消费商业模式》。书中指出，协同消费是在互联网上兴起的一种全新的商业模式。简单地说，消费者可以通过合作的方式来和他人共同享用产品和服务，而无须持有产品与服务的所有权。这个定义从消费者的角度出发，虽然强调的是协同，其实本质是分享，而且，还着重提出了分享的对象是产品和服务。

雷切尔·博茨曼认为"二手交易"也是分享经济的一种典型模式。二手交易将闲置的二手资源通过转售使其得到再利用，提高了二手资源的使用效率。因此，她认为协同消费包括三种形态。

第一种形态叫"产品——服务系统"(product-service systems)，即人们将自己的私人用品——汽车、房子等在闲置时出租给其它人使用来获得额外的收入。

第二种形态叫"市场再流通"(redistribution markets)，即二手物品交易，代表形式有免费赠送的Freecycle(美国一个闲置物品捐赠平台)，或进行出售的eBay、Gumtree和一些允许交换闲置物品的论坛。

第三种形态叫"协同式生活"(collaborative lifestyles)，即众多有着相似需求和兴趣的人们聚集在一起分享交换一些相对隐性的资源，比如时间、空间和技能，典型的有"时间银行"。

持有类似观点的还有芬兰坦佩雷理工大学的尤霍·哈马里(Juho Hamari)研究小组。该小组开展了一项关于分享经济中协同消费的研究，对254个协同消费平台进行了分析，指出这些行为可以被分成两大类型的交换：所有权的访问和所有权的转移。所有权的访问意味着所有者可以在一定时间内提供和分享商品和服务，例如出租或出借。所有权的转移，包括交换、捐赠和购买二手物品。他们将自己的研究成果写成《分享经济：为什么人们参与协同消费》一文。

这种观点还获得了更多人的支持。一份关于德国分享经济的报告《德国的分享经济现象：参与协同消费的消费动机》在对分享经济进行分类和定义时也遵循雷切尔·博茨曼的理念，认为分享经济不仅包括P2P(点对点)服务，同时也是产品——服务系统和再分配市场：第一，允许客户使用产品，而提供者保持所有权；第二，覆盖市场，新的或二手物品进行易手；第三，按需服务，汇集个人完成任务。

《经济学人》曾描述：

昨天晚上，一共有4万人通过一项服务租到了住处，这项服务在全球192个国家的3万余座城市可以提供25万个房间。他们选择房间后一切都通过网上付费。但他们的床并不是由连锁酒店提供，而是来自私人提供。主人和客人通过Airbnb连接到一起，这是一项总部位于美国旧金山的公司。自2008年成立以来，已经有超过400万人使用了这项服务，仅2012年就有250万人。这是全新的、规模巨大的"分享经济"的最典型范例，人们通过此类服务，可以直接在互联网上相互之间租床、租车、租船，以及其它资产。

你或许会认为，这与管理房间与早餐的宾馆、拥有某个时间段的所有权，或者加入一个汽车共用组织没有什么区别。但是科技降低了交易成本，使得资产共享比以往更加便宜、更加便捷，因此具备了形成更大规模的可能性。其中一个重大改变是出现了更多关于人和物的可供参考数据，这使得实体资产分解成服务来消费。在互联网出现之前，通过其他人租用冲浪板、电动工具，或者停车位，都是可行的，但是与其价值相比显得过于麻烦。现在，像Airbnb、RelayRides和SnapGoods这样的网站可以直接将主人与租用者连接起来；带有GPS定位功能的智能手机可以使人们看到距离最近的可租用汽车停放在哪里；社交网站提供了查看他人并建立信任的渠道；还有在线支付系统消除了付费障碍。

就像eBay使得所有人都成为零售商一样，共享网站也是一种P2P企业，允许个人在适当和需要的时候扮演出租车服务、租车公司或者经济型酒店的角色，他们需要做的只是上网下载一款应用。这种模式适用于购买价格比较高、被一些人广泛拥有但却没有充分使用的领域。卧室和汽车是最明显的例子，但你也可以租赁瑞典的宿营地、澳大利亚的牧场，以及法国的洗衣机。正如分享经济的支持者所说，使用胜于拥有。

关于该领域的一部著作作者拉塞尔·博茨曼表示，消费P2P租赁市场价值可达260亿美元。广义的分享经济定义还包括P2P借贷（尽管现金很难成为闲置资产），或者将太阳板面板安装在自家房顶，然后出售热能。而且不仅仅是个人可以参与其中：互联网使得企业出租闲置办公场所和机器设备更加便捷。但是分享经济的核心在于人们相互之间的租用。

从多个方面来看，这种"协作消费"都是件好事。主人可以从二手资产中获得收益。Airbnb表示，旧金山的主人们平均每年可以出租58个房间夜，获得9300美元的收入。汽车主人通过RelayRides服务出租自己的交通工具平均每月可以获得250美元，有人甚至可以赚到1000多美元。与此同时，租用者支出的费用也低于购买商品本身，或者支付给宾馆或租车公司等传统服务商的费用（毫无疑问，很多分享服务公司成功度过了金融危机）。当然也有环境效益：需要的时候租辆汽车，而非购买一辆汽车，这意味着车辆总数减少，耗费的资源也就更少。

对于社交爱好者来说，通过住在他人家里，与陌生人见面，这也是一种魅力。认为所有出租者都是Norman Bates的坏脾气人仍然可以住在传统宾馆里。对于其它人，互联网可以培养信任度。另外平台所有者会进行背景审查，交易双方也会进行在线评论和评级，这使得辩识糟糕司机、浴衣小偷和冲浪板破坏者之类的人非常容易。通过使用

Facebook和其它社交网站，参与者可以相互查看，并找到共同的好友（或者好友的好友）。

世界经济论坛全球青年领袖峰会在报告《循环经济创新与新型商业模式》中也将分享经济同协同消费一起分为三个系统：再分配市场，例如eBay、Craigslist(一个大型免费分类广告网站)、Swap.com(一个大型母婴用品寄售平台)、thredUP(一个儿童旧衣物寄售平台)、Yerdle(一个旧货分享平台);产品——服务系统，例如Zipcar(一家网上租车公司)、Snapgoods(一家社区租赁服务网站)、CarShare(一个汽车共享平台);协作型生活方式，例如Airbnb、Skillshare(一个技能分享网站)、LiquidSpace(一个为经常出差者提供办公空间的平台)。

基于协同消费，Zipcar的创始人罗宾·蔡斯写了一本书《分享经济》。中文版将其中的"collaborative economy"(协同经济)硬译为"分享经济",但是，罗宾·蔡斯认为"协同"才是她要在本书中传递的核心思想，在协作的过程中，分享是一个必要环节。由此也可以看出，所谓协同也好，分享也罢，基本方向一致。

2007年，Oxygen Consulting公司的管理咨询师雷·阿尔格(Ray Algar)将"协同消费"这个词语引入自己标题即为《协同消费》的文章中。他发现协同消费是一种席卷全球的现象，消费者通过在线eBay(易贝)和Gumtree(英国最大的分类信息网站)等网站，交换商品和服务，通过Trip Advisor(猫途鹰，全球知名的旅行社区)分享住宿经验，以及通过集体购买力共享(所有权)高价值资产，如汽车、房地产和飞机等。他的这篇文章强调了"分享"的因素。

后来，协同消费又演变出更丰富的含义，例如百度百科里提到：协同消费，指消费者利用线上、线下的社区(团、群)、沙龙、培训等工具进行"连接",实现合作或互利消费的一种经济模式,包括在拥有、租赁、使用或互相交换物品与服务、集中采购等方面的合作。

再后来,2011年,《时代》周刊将"协同消费"列入改变世界的十大观念之一。

2013~2014年,《经济学人》连续发表多篇文章,报道美国的分享经济发展状态,突出报道了Airbnb、Uber等公司在分享经济商业模式发展过程中遇到的问题和机遇。

许多政府也开始推波助澜。其中,英国显得很有雄心壮志。英国政府于2015年提出构想,希望推动英国成为世界上最适合创业、投资和发展的目的地。为此,英国政府制定了·系列政策来推动分享经济的发展,使其成为经济发展的重要驱动力。

追根溯源的本意不在于咬文嚼字,而在于通过对历史的梳理,追寻本真,把握未来。我们不难看出,协同消费之于分享经济,几乎犹如一个硬币的两面。而分享经济传播范围更为广阔,它超越了东西方地域,超越了社会形态,作为一次由互联网技术应用引发的革命,引导了全球经济体的发展,改变了人类的生活方式,把我们每一个人带入了未来。

# 从"所有权"到"使用权"的消费观转变

过去人们认为房子、车子的所有权视为种身份的象征，在互联网思维深刻影响下，年轻人更愿意过一种"轻资产"的状态，也更善于将自己的工作和生活分解，剔除那些不创造价值的部分，充分发挥其余部分的价值。在他们眼中，成功的标志正在发生变化，认为有条件获得比真正拥有更重要，能够使用比拥有所有权性价比更高。

当我们把一个商品的所有权和使用权分开来，同时转让使用权的时候就产生了分享经济理念。利用移动互联网技术及思维以较低的成本满足他人的需求，服务的提供者得到了一部分收入，同时也大大提高了整个社会的福利待遇和生活质量。车辆空余的座位，空余的房间，产生了通信铁塔公司这样成功的共享公司。可以拿出来共享的东西除了有形的资产，还有无形的技能和时间。

与开阔视角相对的，有一种专业化视角。杰里米·里夫金(Jeremy Rifkin)在其著作《使用权时代》(The Age of Access)中提出了使用权经济(access economy)。这一说法来源于分享经济最重要的一个特点，即使用权优于所有权。未来对于物品和资产，人们不追求如何拥有它，而是考虑怎样使用它。比如，我不一定需要拥有一辆车，我可能只是需要用它进行一次短途旅行，所以我并不需要一直拥有它。

国内许多学者持此论者甚多，原因是杰里米·里夫金的理论入华甚早，以至于世人只知有此不知有其它。杰里米·里夫金是美国经济社会评论家、演说家、美国华盛顿特区经济趋势基金会总裁，是Uber与Airbnb等分享经济领域的独角兽崛起的引领者。他写了两本书，在中国拥有大量粉丝，一本是《第三次工业革命》，另一本是《零边际成本社会》。《零边际成本社会》一书做出了关于未来世界的三大预测：协同分享经济将颠覆许多国际化大公司的运行模式；现有的能源体系和结构将被能源互联网所替代；机器革命来临，我们现在的很多工作将消失。这本书将《使用权时代》的一些重要观点进行了提炼，翻译入华后传播广泛，但对分享经济的观点并无更广阔视角。

当你自己的物品多起来的时候，可以考虑把它租出去，这也是目前最流行的对个人闲置资源的分享方式，大致对应两种套路：闲置物品，可以通过个人在线出租平台实现分享；闲置资金，目前主要是通过P2P借贷平台，借给第三方使用。

在线租赁目前在出行、房产、办公空间、闲置资金等方面都取得了快速发展。

在出行领域，分享经济产生了许多创新性的模式，除了国外的Uber、Lyft和国内的滴滴出行等，还衍生出多种业态，例如一对一的面向高端商务车市场的专车服务、采取低价策略的快车服务及社会私家车的出租服务，还有一对一或一对二的出行线路相同的人共同搭乘的拼车服务，以及一对多的用户在既定线路上预订座位的互联网巴士服务。

这种玩法越来越有趣，出现了向四面八方蔓延的趋势。除了汽车这种交通工具的分享外，还纳入了其它的各类五花八门的交通工具，例如船舶、私人飞机、游艇、自行车等等。

在房产领域，Airbnb改变了传统酒店行业的游戏规则，普通人也能以低于酒店的价格出租自己的房间，可以非常灵活地选择日期和租客，不受过多门槛限制。当然，这里的内核是对自住房闲暇时间的出租。虽然分享经济的壮大带来了不少"专业资源"，例如二房东和职业房东等，但依然调动了社会上沉淀的不创造价值的大量闲置房间，提高了资源利用效率。

从面向消费者的闲置房间出租，到面向自由职业者和创业者的闲置办公空间出租，房屋出租的外延进一步扩大。拥有闲置办公空间的业主可以通过分享平台直接与租客对接，例如马上办公。另一方面，更多机构采用WeWork这种承租——装修——转租的模式分享办公空间。

在闲置资金领域，一般学者认为，P2P网贷和股权众筹是一种创新的分享形态。点对点的模式无需银行中介，直接由个体对个体进行金融交易，无论是对于个人投资者还是信贷借款方而言，交易成本相对于传统金融机构都会更低。

尤其是众筹类项目方，初期难以从银行获取贷款，却能通过融资方式获得。网络众筹方式能够减少之前融资的信息不对称，同时也可以提升市场影响力。

这些"租赁经济"型分享平台的迷人之处在于，可以令租借双方获得双赢的局面。从理论上讲，出租方可以通过已经拥有的资源获取收益，而承租方则能享有比大规模专业性组织更加经济和便利的选择。因而，不论年龄背景，不管个人企业，越来越多的消费者开始逐渐超越购买产品本身的需求，而是更倾向于购买产品的使用价值。

使用而不占有，这种形式打破了私人物品一直以来排他性和竞争性的属性，使得私人物品也可以在消费者中以个人对个人的形式被分享。这就是分享经济中的第一大重要形式——使用权剩余的分享。

很多人可能没有意识到，所有权的转让也会成为经济剩余的新兴玩法，因为很多闲置资源可以进入再流通领域，比如二手交易。

在线二手物品交易，准确地说，是指个体通过社会化网络平台进行二手物品所有权交易，可以简称为二货买卖。二货从闲置状态通过分享再次投入使用，提高了自己的利用率。与第一种模式不同，二货玩法是基于使用权和所有权两权合一的分享。

对于二货买卖的流行，追究原因，大概有两个。

一个原因是，网购的刺激，产生了冲动型购物，消费过度。历年来，网购的价格战成为各大电商平台首选，多种多样的促销活动更是博人眼球，折扣、秒杀、买一送一等比比皆是。低于原价一大截的售卖，刺激着消费者的购买神经：不管有没有用，先下单再说。举例来说，2015年阿里"双11"销售额定格在912.17亿元，相比2014年的571.1亿元，增幅达59.7%。

大部分冲动网购所花的现金，最终都变成了家里闲置的"不动产"，比如一年都穿不了几次就落伍的衣服，看着赏心悦目却毫不实用的家居用品，满足自身心理、用了不觉得物有所值的奢侈品，等等，成了贬值又占空间的废品。

中国人口众多，本就在资源共享和流动方面拥有巨大的优势，再加上网购的蓬勃发展，催生了一大批"剁手党"，他们乐于网购，却经常后悔多买东西，因此产生大量闲置物品，中国二手市场的潜力由此可见。

通过二手交易将闲置的物品交易出去，对卖家而言，既可以获取经济收益，又可以拉动新的购买需求，既可以为家里腾出新的空间，又可在下个网购节日更愉快地消费。对买家而言，以较低的价格获取质量还不错的物品，性价比超高。于是，闲置物品交易平台日益生意兴隆。业界人士介绍，购物狂欢节之后总会迎来日活跃用户高峰。

再如，中国二手房市场的痛点：多家委托，导致假房源（诱客户上钩）、不诚信（将一部分真实信息不披露）、成交慢（每一家掌握的房源是有限的，由于没有共享，不一定有适合买房人的房源）等一系列问题。那么，美国是如何解决这些问题呢？首先说明，美国原来也是多家委托，也有上述问题。后来的解决对策是MLS。

这可以看作是一种分享经济的体现。表面上是C2C，实际是C2B2C。

美国房地产经纪行业（二手房）有一个共享系统，即房源共享系统，它的本质是独家代理，多家共享。百分之九十以上的二手房交易是在这个系统上面完成的。

美国有两套经纪人，一套叫卖方代理，一套叫买方代理。卖方经纪人拿到房源后，输入本地区的MLS系统。而后，这个平台上的所有的买方经纪人，都可以与客户联系。成功后，买方经纪人获得3%佣金，卖方经纪人也获得3%佣金，全部佣金均由原房屋所有者出。

这是一个封闭系统。必须是有执照的经纪人才可以用。它有严格的规章制度，包括录入房源的规定格式，必须出售价格统一。

美国有一个全国性的组织，NAR，美国全国地产经纪人行业协会，下属州一级的经纪人行业协会与地区一级的经纪人行业协会。MLS是地区一级经纪人行业协会主持建立的。

MLS中的卖方代理是独家代理权，要求必须24小时就要把这套房放在MLS上，你必须分享。

美国1880年就出现执照经纪人了。美国当时是多方抢房源，有很大弊病，经纪人很辛苦，折腾半天，可能另一家公司卖掉了，所有事情白做。慢慢地，经纪人开始联合起来，能不能互相合作一下，大家共享。本着一个原则，怎么快一点把这个房子卖掉，而且利益共享。于是，MLS逐步出现，而且是很多个区域MLS，没有全国性的MLS。也可能会有一个MLS同时做几个地区，它整合能力强。MLS不是以盈利为目的，是非营利的，是房地产经纪人行业协会提供的一项免费服务。

随着互联网的再现，MLS取得了迅速发展，可以把区域的房源从MLS转到互联网上，相当于房源共享的范围扩大了。

MLS的本质是让房产中介公司的房源进行共享，从而提高行业效率。一方面，它降低了购房者的获取成本（搜索合适房源更容易），另一方面，它对经纪人服务的要求提高了，同一套房源所有经纪人皆可销售，服务竞争是关键。如果不诚信，购买者可投诉，有可能经纪人执照被吊销。

从以上案例可以看出，分享经济可能有三个关键成功要素：

1.撮合效率是否提升；

2.获取成本是否下降；

3.评价机制是否有效。

另一个原因是，产品更新速度加快。尤其是数码类产品，更新换代非常快。据58同城发起的《闲置物品能换钱——你在网上卖过二手吗？》调研显示，有72.12%的人选择了数码类产品，如手机、电脑、相机等。而据德勤咨询分析，2015年全球智能手机的销售量为14亿部，其中10亿部智能手机是为了满足消费者的升级需求。在14个发达国家市场中，大约70%的智能手机用户在过去一年半内升级了他们的手机。

因此，随着闲置物品的逐步增多，分享经济下的二手物品交易市场"闲鱼""转转""有闲"等各种线上二手物品交易平台获得快速发展。

二手物品的交易形式，有的完全是以物易物，有一些是付费购买，还有一些是二者的混合形式。有些时候交易发生在陌生人的弱关系中间，有些时候是基于社交网络的交易连接。

其中一种是以物易物。

比如，Yerdle旧货分享平台。人们可以通过社交账号登录Yerdle，在好友之间分享闲置物品，而且都是免费的，只需要支付运费就可以。Yerdle平台上目前已经拥有1.2万名注册用户，1/4的人每周都有浏览Yerdle的习惯，以随时查看是否有自己满意的产品。

这家创业公司就是"集体消费观"最新的典型代表之一。赞成"分享经济"理念的人认为，相比从生产环节下手，通过压缩原料来让产品的生产变得更环保，努力提升消费者对产品的使用率则是更为重要的路径。

第二种是付费交易。这种付费交易又包括两种模式：C2C模式和

C2B2C模式。

　　C2C模式，例如，"58赶集"与腾讯合作推出了闲置物品转让的App(应用程序)"转转"，欲借移动端垂直切入市场，释放被压抑的二手需求。据数据统计，"转转"上线当天注册用户即超过10万。上线一周内，单日在"转转"平台上新发布的商品数超过5 000件，每天在"转转"平台上达成交易量数千单。

　　而阿里将会拆分淘宝旗下的闲置物品交易社区"闲鱼"，成立专门的事业部独立运营，已获得红杉中国、IDG资本等多家重量级投资基金青睐，资本市场估值超过30亿美元。根据"闲鱼"官方数据显示，此平台上拥有每天超20万件闲置物品的成功交易。

　　很多人持有一种观点：分享经济就是使用权的分享，即租赁；而二手物品交易，让所有权发生了转移，怎么会是分享经济呢？

　　实际上，从经济学角度来看，当所有权存在剩余的时候，它也是可以分享的。二手物品交易基于所有权剩余，提高了物品的利用率，延长了其使用寿命。补充一点，二手物品交易大致有两种模式：有中介的和去中介的。前者是传统模式，而后者才是我们关注的——点对点的二手物品交易，即买家和卖家通过平台直接交易。前者，因为中介牟利的天性，往往是扩大价差，结果可能是双输；后者是互联网下的蛋，可以降低交易成本，让买卖双方共赢。

# 快速崛起的消费新生态

我们已经知道，分享经济又称协同消费，是借助网络等第三方平台，基于闲置资源使用权（资产或技能）的暂时性转移，实现生产要素的社会化，提高存量资产的使用效率以创造更多价值，促进社会经济的可持续发展。

分享经济模式诞生以来所创造的价值，可以借助以下几个数据所传递的数据片段，来建立直观的认识：

1. 资金借贷领域：成立8年后，LendingClub已经在其平台上实现了70亿美元的借贷金额，但其并没有自己的银行和分支机构以及ATM。截至2015年8月13日，市值为50多亿美元，目前已实现每日870万美元的日新增借贷额；

2. 酒店住宿领域：成立7年后，Airbnb已经拥有超过2300万用户，每晚平均有42万住户，多于全球连锁希尔顿酒店的日住户的22%；虽然其并没有自有的房产、床铺甚至浴室，但平台上已提供多达150万间房屋可供交易，相比之下全球连锁酒店希尔顿酒店也只有68万间房源可供选择；

3. 交通出行领域：成立6年后，Uber在2015年已实现3.4亿乘坐频次，实现了每日16万人次的乘坐频率，美国旧金山每年的出租车市场规模约1.4亿美元，而与此同时Uber在旧金山的业务收入高达5亿美元，是整个旧金山出租车市场的三倍之多，而且仍在以每天200%的速度增加。

分享经济企业在运营模式与成本结构方面的独特优势，相比传统企业享受更多估值的溢价。根据Bloomberg数据显示，截至2016年初共享型企业融资总规模达到200亿美元左右。对比同行业下不同模式的差异，Uber当前估值已达到500亿美元，同类汽车生产商Ford和GM的估值接近600亿美元，但Uber平台上的车辆并非其所有；Airbnb估值约250亿美元，超过凯悦酒店与万豪酒店集团的估值接近，但Airbnb平台上交易的房屋也并非自己所有。这类以轻资产运营的分享经济型企业的估值溢价，充分显示了市场对于其商业模式和发展前景的认可及支持。

伴随移动互联网的广泛普及，LBS定位、云计算以及大数据等创新技术的发展，大大降低了交易成本并提高了交易的撮合率，奠定了分享经济模式的技术前提；参与者免费分享其数据以发布需求，平台结合闲置资源的位置共享，应用大数据算法做出满足需求的最佳推荐，实现供需的弹性匹配。

通过对分享经济的历史发展进程梳理，结合美国GDP增长率、互联网用户增长率和互联网用户渗透率数据，我们发现2008~2009年是分享经济出现并发展的分水岭，在此期间受美国金融危机影响，互联网用户规模、用户增长率、GDP增长率以及渗透率增速均有所放缓，且经济指标数据都表现较差。

从2008年开始，Adam Neumann和MiguelMckelvey创办了WeWork的前生Green Desk，同年Airbnb和Uber依次成立。2009年4月，Airbnb获得了60万美元的风险投资。分享经济在2010和2011年真正开始进入加速期，包括Grubwithus创办与2010年5月(社交饮食网络，人们可以寻找朋友到顶级餐馆品尝食物)、Uber和Airbnb分别在2010年10月和11月获得了125万美元和720万美元的融资，同年2010年12月孟买的OlaCabs创办，同时Skillshare作为一个主打技能分享、人人都可能成为老师的在线学习及课程服务平台，在同期创办。

2011年市场相对比较沉寂，主要是Uber和Ai。以Airbnb和Uber为代表的分享经济公司基本诞生经济背景：产能和供给过剩是分享经济发展的前；分享经济的迅速崛起和发展并非偶然，产能和供给过剩；以全球汽车行业为例，2011年市场相对比较沉寂，主要是Uber和Airbnb的两轮融资。2012年是分享经济的爆发期，包括Lyft(发源于旧金山，主打私家车拼车)、Instacart（2012年成立，为顾客提供日用杂货采买送货的公司）和NeighborGoods（社区P2P交易市场）。

Airbnb和Uber为代表的分享经济公司基本诞生在这个期间，他们的出现恰好迎合了当时美国经济缩减开支和节约成本的大背景，以及通过互联网进行消费和社交的需求。Airbnb和Uber的诞生开启了分享经济大发展的序幕。

Uber创立于2009年，创立伊始公司名为UberCab，主营业务是对旧金山地区的闲置出租车资源进行整合，向消费者提供出租车预约服务。2011年5月，Uber被美国运营部门以没有相关出租车公司执照为名处以2万美元罚款，公司从此将名称由UberCab正式改为Uber，并专注于中高端私家车预约市场。如今Uber已进入全球58个国家和地区，服务覆盖了全球超过300个城市，成为了全球最火爆的私家车预约软件。

Uber基础的打车服务按照服务价格从低到高可以分五类：UberX、UberTaxi、UberBlack、UberSuv、UberLux。

Uber以提供高端私家车为基础服务，推出UberTaxi和UberX主要为了拓宽中低端市场。但UberX和UberTaxi的平价打车模式更易受到竞争对手的冲击，目前国外的Lyft、Sidecar等及国内的嘀嘀打车、快的打车等打车App也提供同样的平价打车服务。

Uber已经进行了包括种子轮和天使轮在内的八轮融资，总融资金额超过30亿美元。在2015年7月进行的F轮融资结束后，Uber公司的市场估值达到了510亿美元，成为全球估值达到500亿美元用时最短的公司（5年零11个月），并超过小米成为全球估值最高的非上市科技公司。Uber的业务规模快速发展，公司的估值也快速飙升。

Uber为什么有这么贵的估值？

根据2014年12月的数据，在全球260个市场，Uber每天接送乘客100万人次，全年累计达到了1.4亿人次。公司年总订单额由2013年的6.88亿美元增长至29.11亿美元，增长率高达323%。2015年公司年总订单额继续保持高速增长，已达到98亿美元。

首先，Uber享受如此高的估值，因为它并非一款打车软件，也不只是一款交通类应用，未来，它可能是联通整个O2O线上线下物流和人流的应用。这样，Uber的"故事"和想像力变得极大。未来在同城物流、公共交通、甚至零售领域，Uber都将大有可为。这是它能享受高估值的原因之一。

第二，海外市场出租车费用较高，Uber定价低于出租车，但价格水平仍然处于较高的位置。Uber向司机收取的20%佣金成为其主要的收入来源。也就是说，与大多数先圈定大量用户再需找商业模式的移动互联网应用不同，Uber在海外市场从一开始就拥有了稳定的营收来源。随着在全球的拓展，以及订单量的快速增长，Uber收入亦快速增加。

第三，Uber在技术、数据等层面不断地进行优化、整合，以达到对车辆资源最有效的配置。Uber的核心技术就是如何在一个城市里部署最少的车，最有效率地满足全城的需求。这个算法技术的核心就是Traveling-Salesmanproblem，即如何把无数个移动的点用最短的线连接起来。

第四，在算法支撑下的独立定价，Uber的路程价格完全由Uber自己决定，相比于出租车价格，Uber的价格更为市场化。在不同的时间划定不同的价格，例如在上下班高峰时间和恶劣天气时间，乘客愿意付出更高的价格，这体现了天气与时间因素对乘客真实需求的影响，而Uber的灵活定价使得乘客与车主间的供求关系更加平衡。

从估值来看，以公司2015年的收入计算，公司当前P/S仅5.84倍，低于Facebook、腾讯和特斯拉。公司的收入同比增长达到200%以上，又遥遥领先目前中美的科技巨头。

相较而言，中国市场的出租车价格已经处于低位，滴滴快车、人民优步等产品价格较出租车更低。因此，在高峰或堵车时段，滴滴快车、人民优步等产品的司机需要依赖于平台的补贴，才可能覆盖其行驶成本。因此，无论是滴滴、Uber在中国仍然处于烧钱补贴阶段。

# 分享时代的免费经济

免费经济简而言之就是透过提供免费的产品或服务，来达到获利的目的。而其手法都是透过免费的吸引力为起点，建立起其它的获利管道，而广告是最为熟知的一种。

长尾理论的作者克里斯·安德森认为：所谓"免费经济"主要有三种：第一种是传统的免费产品，如金·吉列剃须刀模式，是最自然的延伸产品。这也是另一种形式的交叉补贴，由此延伸出来的是传统新闻媒体模式。这种产品之所以免费是因为它的成本由广告主来补贴，所以，也可以称之为第三方市场——出版商、广告商和消费者，他们得到免费的一切。第二种免费产品是指以前收费，后来随着成本越来越低，最终成本消失。根据摩尔定律，过程需要的成本每年都在减少，当成本逐渐接近于零时，你可以最终将之视为免费。Hotmail最开始尝试一小部分服务免费，用户为剩下的一部分服务付费。从2000年到2002年，用户得到的免费服务越来越多。因此，Gmail表示，他们即将推出一个容量为1000兆的免费服务，从此，该市场发生了革命性发展。雅虎表示："我们提供给用户的是无限存储服务，通过这些加强雅虎和用户的联系。同时，通过别的方式赚钱，可以是雅虎新闻频道的横幅广告；也可以是通过掌握用户行为信息，而吸引广告投放。"

第三种免费模式就是礼品经济。现在的维基百科、博客空间、craigsli等属于这种。在这种模式下，的确有真的经济存在，而且出于没有财务考虑的动机，诸如声誉、注意力和表达欲等等。所有的社交目的，事实上被证明具有不可低估的影响力，而这种目的让人们免费获得一切。而在此之前，没有哪个平台可以做到这些。

1903年，满脑子乌托邦式幻想的软木瓶塞推销员金·吉列（King Gillette）已年近50岁，却渴望成为一个发明家。他花四年时间发明的可更换刀片式剃须刀，在最初销售的一整年里，只卖出了51副刀架和168枚刀片。

但随后，吉列所做的事情却创造了一种全新的营销模式。他不惜血本地将数百万剃须刀低价卖给军队，以期士兵们在战时养成的剃须习惯能够延续到战后。他将刀架卖给银行，后者将其作为礼物派送给新储户。他的剃须刀无所不在，几乎和所有商品都捆绑在了一起——从绿箭口香糖到咖啡、红茶包，不一而足。这样，仅仅过了一年，他就已经售出了9万副刀架和1240万枚刀片。

吉列开创的营销模式给后世的商业留下了一个重要的遗产：提供免费（或者至少是廉价得近乎免费）的平台产品，然后通过耗材或者补给或者服务来获得真正肥厚的利润和收入。如今，这个被经济学家称为"交叉补贴"的定价策略几乎在所有产业都已司空见惯：比如，电信公司会免费送你一部手机，当然条件是之后两年你每个月都要花很多钱打电话；咖啡供应商会免费送一台咖啡机放在你办公室里，不用说，他的收入主要是靠出售咖啡包给你；惠普的打印机便宜的才300元人民币，但打印墨盒正是这家年营收逾千亿美元的IT公司的重要利润。因此，你也知道了，为什么Play Station 3游戏机刚出来时600美元的售价是个大笑话——游戏机厂商的利润主要来自于从第三方游戏软件中的分成，索尼却执著地要把主机卖个大价钱。

满天飞的免费品意味着你可以免费获得一件产品，只要你购买另一件，或是愿为某项服务付费，而后者恰恰是真正的利润和收入所在。100年前发源于剃须刀的免费策略，经过最近十多年来信息技术的推波助澜，由最初的营销辅助手段逐渐演变成整个互联网商业模式的核心，并开始重新界定未来商业的一切。克里斯·安德森称："过去100年来这种模式只是前奏，经过十多年来信息技术的推波助澜，真正的免费经济时代将拉开帷幕。"

互联网正是一片免费的乐土。正如40年前加州工学院教授Carver Mead的摩尔定律指出的，微处理器的单位价格每18个月就下降一半，带宽和存储器的价格甚至下降得更快。特别是由于技术的发展，海量用户带来的规模效应使得服务单一用户的成本趋近于零，聪明的公司早已不再收费。这些引导潮流的市场颠覆者的商业信念是——"先免费那些别人还在收费的生意吧"。

有人可能会认为分享经济就是把我们不住的房子拿出来租一下，把不用的车子拿出来作转车。让我们来看一下这三组数字，中国最大的租车公司拥有1.47万辆车，中国全国一共有130万辆出租车，而中国有多少辆私家车呢？1.5亿。这也展示这三种业务形态的体量差距。第一个数字代表商业模式是自己拥有车辆运营，第二个数字是代表商业模式，是盘活现有的理念，类似CD原先做出租车的事情，体量比自有车辆大，但跟第三个数字比起来相差很远，第三个数字是我们盘活了社会闲置的资源，分享经济的体量。我们看到它已经远远超过前面两个模式的体量，为什么？在Uber进入中国以后不言而喻，在Uber全球几个最重要的城市里，Uber的业务量远远超过出租车，分享经济已经在社会里扮演一个非常重要的经济地位。

分享经济在中国是如何一步一步地被接受的呢？分享经济进入中国还只是两年多的事情，请大家回想两年之前，有多少人知道可以坐一个陌生人的车出行，又有多少人会非常坦然地接受坐上一个陌生人的车去完成你的行程，我可以肯定地告诉大家说没有。这是我加入Uber的时候，那时候我每天向司机宣讲分享经济的概念，但那时候分享经济是被质疑的，大家认为在中国的社会里人和人之间缺乏信任，所以分享经济并没有生存的空间，但现在已经看到仅仅在两年后，大家已经非常习惯于乘坐转车出行，很多人不愿意买车，不愿意到处找车位的麻烦。这个变化是怎么发生的呢？一方面以Uber为代表分享经济的企业，通过一系列有趣的活动，比如说乘坐司机互动，慢慢将分享经济变得非常有趣、变得予以接受。而司机从分享经济中得到好处，可以说Uber改变了他们的生活，掌握了自己的时间，也可以赚取到外快。这正是分享经济给参与者带来的快乐。

根据Uber的数据统计，每一辆充分利用Uber的车子至少是8辆车子，也就是我们不需要买这么多的车子，不需要这么多的尾气排放，不需要这么多的拥堵。在欧洲曾经有过一个统计，全世界有10亿辆车，7.4亿车辆都是被一个人拥有，被一个人开着，如果把7.4亿车辆利用起来，为另外几十亿人提供便利，那我们城市会变得更加美好。这是一张地图线，这可以有效补充城市的公共交通。

分享经济是一个很缓慢的概念，什么都可以共享，对中国商业来说共享什么具有商业价值呢？在美国人们通过Uber这样的平台共享了资产和时间，但中国有它的特殊性，人口的高密度和相对低廉的成本，让众包快递这件事情成为可能。而且，中国是一个喜欢吃的民族，我们就有"回家吃饭"这样一个概念，分享经济将中国带进吃的领域。

"回家吃饭"是什么样的业务模式呢？它通过手机APP将喜爱做饭、有闲暇时间和希望吃爱好吃的餐饮和白领连起来，白领可以通过说几点餐，在家方面我们让有受益的大爷大妈们发挥平时给孙女孙男做饭时多做几份，可以让白领享受到家里的饭菜。而在外面是通过科技手段，通过对接双方的要求，并且提供便捷的物流解决方式，让食客负责方便的用餐，家属也没有后顾之忧。仅仅通过几个月的时间，"回家吃饭"已经成为最大的共享平台，业务已经开展到北京、上海、广州、深圳，积累了数十万的忠实用户，并且受到广大白领的欢迎。

"回家吃饭"做的是一件不同凡响的事情，但衣食住行的共享领域里，住和行都产生美国，而吃的共享产生在中国，这是由中国的特殊国情决定，同时为互联网+公司建立的，它的业务模式没有美国的借鉴，也没有前人可以去借鉴，希望成为第一个业务模式，完完全全创新于中国世界级的互联网公司。

我有一个朋友，他是"回家吃饭"的忠实用户，有一次拔牙了，不能吃东西，于是就通过"回家吃饭"APP点到附近的一个大妈做的南瓜羹。大妈平时做给自己的孙女吃，一次做一锅就卖一点给周围的白领，当她吃了三天的南瓜羹，大妈就发给她一个短信，你吃了三天的南瓜羹肯定吃不饱，我再给你做一道菜。这位白领非常感动，平时他们觉得大妈跳广场舞非常吵，但分享经济证明，他才知道原来大妈在平时的生活里都是有血有肉、可亲可爱的人，她们都是关心身边年轻人的生活的。分享经济帮助她打消对大妈这个群体的误解。

"回家吃饭"的愿景也是这样，不仅想做一个互联网企业，也想做一件对社会有意义的事情，希望通过一份份热腾腾的饭菜，敲开每一扇紧闭的大门，让大家互相信任、互相有爱，让我们的社会变得更加美好，这是"回家吃饭"的愿景，也是分享经济在中国的愿景。正因为这样，我们才认为，互联网催生了一种前所未有的趋势，那就是免费！也就是凡是与网络有关的东西，或多或少，都可以免费得到。你可以免费地在网上浏览新闻、阅读书籍、听音乐、看电影、搜索网页、收发邮件，甚至还可以免费打电话。

刚开始的时候，大家以为这只是因为互联网刚刚起步，商业模式不成熟，免费只是暂时的。后来发现，不对头，免费简直就是互联网的天性，想抛弃都抛弃不掉，互联网文化说到底就是四个字"免费共享"。那些尝试全面收费的网站，都以失败告终。而那些在网上活得最好的公司，恰恰都是本领域免费服务的主要提供者，这绝不是偶然的。

以唱片业为例，这是受互联网冲击最大的行业之一。因为音乐产品的mp3可以在网上免费下载到，所以唱片公司的收入出现了大幅下降。起初，唱片公司的策略是，禁止mp3文件传播。于是，这些公司不停地提起诉讼，后来发现实在是做不到，因为所有人都在下载，根本禁不完。他们就改变策略，允许苹果公司的iTunes网上商店销售合法的mp3文件，每首歌0.99美元，而且文件上面都附有权限管理技术（简称DRM），防止购买者将文件拷贝给其它人。2007年2月，苹果公司的CEO乔布斯写了一封有名的公开信，建议唱片公司放弃DRM，因为盗版实际上无法防止，不如把自由还给消费者。现在，苹果公司出售的歌曲，都是纯粹的mp3文件，没有任何限制，随便你怎么使用。现实就是，不管法律怎么规定，音乐实际上已经接近于免费产品了，就连唱片公司都已经开始默默接受这个事实了。

为什么免费是互联网的主流？这里有两个原因。

首先，互联网产品有一个显著特点，用经济学语言说，就是它的边际成本接近0。"边际成本"指的是，新增一个用户所产生的成本。一个网站，多一个人使用，或少一个人使用，成本不会有任何区别。人类历史上，从未有任何一种产品，像互联网那样，可以零成本扩张用户。如果一个网站有大量用户（超过100万），那么分摊到每个用户头上的运营成本，实际上是很低很低的。更何况，互联网的主要成本——带宽、储存设备、计算能力的价格——都在急剧下降，最终也将接近0。

其次，二进制文件的复制成本也接近零，而且复制非常快捷方便，根本没有办法防止，或者即使有办法，也由于实施成本太高，而不可行。这就是说，只要一个网站卖的是可以被拷贝的东西，它就很难发展收费用户，因为用户之间互相分享的成本太低了。

你可以想一下，一家公司如果想大量发展用户，它会怎么做？传统的方法是，发放一些促销品，供用户免费试用。但是，现在的问题是，既然我的促销品是零成本，而且用户可以方便地互相拷贝，那么

**为什么我不给所有人免费试用呢？要知道，没有任何一种经营策略，比免费策略更有效了。另一方面，将复制成本为零的商品卖一个高价，实际上也是做不到的。所以，这就是免费模式在互联网上大行其道、无法推翻的原因。**

更要命的是，一旦公司的主要业务上了网，那么免费就不再是一个选项了，而是不可避免的唯一选项。因为即使你不免费，你的竞争对手迟早也会免费。就像前面说的，免费是最强大的竞争武器，谁先用谁就能占领市场，那么与其等着对手用，不如我先用，先把你赶出市场再说。2004年4月，Google宣布提供电子邮件服务Gmail，当时Google在电子邮件市场的份额是零，但是它率先提供了1个GB的免费空间，而当时其它公司即使是收费服务，也只提供几十MB空间，于是不出两年，Gmail成了电子邮件网站的老大。这就是免费的力量，就这么简单。

为什么免费是最好的经营策略？

答案就是一句话，因为你可以在短期内快速扩展用户。

很多公司只看到免费模式对利润的冲击，而没有看到事情光明的一面，那就是免费可以带来大量的用户，让一种默默无闻的产品快速成为大明星。而一旦大量的用户在使用你的产品，你还怕赚不到钱吗？事实上，许许多多企业家都梦想着免费奉送自己的产品，但是苦于存在制造成本，而做不到这一点，只有互联网才能让免费模式成为现实。

缝纫机的发明，就是一个例子，说明成本下降带来用户数量激增的好处。1851年，美国人辛格（Merritt Singer）发明了现代缝纫机的雏形，可以极大地提高制衣效率。原来一名针织女工需要14小时26分钟，才能制作一件成衣，现在使用新机器只需要1小时16分钟。一开始，制衣工人对这种机器充满敌意，害怕它抢走他们的饭碗。但是后来的历史却是，缝纫机大大发展了制衣业，而不是摧毁它，制衣工人的收入因为缝纫机而得到了大量增加。因为随着成衣价格的下降，市场需求也增加了好多倍。这就是工业化生产为什么能够创造更多财富的根本原因之一。

免费模式也是如此，它实际上不会摧毁现有的行业，而只会创造出更多的财富，因为免费使得更多的人变得更有能力消费了。

如果免费提供服务，公司靠什么赚钱呢？克里斯·安德森总结了四种免费模式下的赚钱方法。

1. 增值服务收费（Freemium）。这种方法指的是，用免费版本作为营销工具，让尽可能多的用户使用产品，然后将其中少数用户转化为付费用户，向他们提供更高级的功能。图片储存网站Flickr就是用这种方法，这是最常见的网站经营模式。

2. 广告模式（Advertising）。这种方法指的是，用户可以免费使用网站，但是必须同时接受广告，网站通过广告收入盈利。Google是这方面的先锋。这种方法可以将流量转化为收入，因此也很常用。

3. 交叉补贴（Cross-subsidies）。这种方法指的是，网站本身免费，但是相关的其它商品或服务要收费，通过收费产品补贴免费产品。这有点像打印机公司低价出售打印机，然后通过高价的耗材赚钱。前不久，科技网志TechCrunch介绍了一个婚姻介绍网站，你使用它寻找约会对象是免费的，但是如果你想真正地和对方约会，就必须打网站提供的声讯电话进行安排，而声讯电话是收费的。这样的例子还有很多。

4. 劳务交换（Labor exchange）。这种方法指的是，用户以提供自己的劳务作为代价，来换取免费服务。比如，上网的时候，往往会遇到人机识别的环节，网站要求用户输入一串图片上的字符，以确定这是真实的使用请求。有一家公司叫做reCAPTCHA，就免费提供这样的识别服务，它让用户识别古书上的单词，以帮助提供书籍文字识别的；未来，免费模式会改变世界，整个商业模式都要在互联，我们正在进入免费时代。

当然，在现实生活中也不乏这样的成功案例。事实上，Google的所有产品或服务都对消费者免费，从搜索到电子邮件Gmail、Gtalk再到在线办公软件Apps。其2004年推出Gmail免费邮箱时空间高达1GB，而当时雅虎25MB邮箱还要交钱才能用。

免费的当然不止是邮件和搜索引擎服务。2007年，《纽约时报》过去28年来的报道和文章你都可以免费从网上看到，《华尔街时报》的许多内容也将免费；可以联络旧友、结交新朋的Facebook，可以收看几乎所有流行短片的YouTube也是免费的；全世界游戏产业增长最快的是免费在线游戏——史玉柱的《征途》……安德森甚至更加乐观地预测，被互联网技术浪潮所席卷的任何事物都将走向免费，至少与消费者密切相关的那些产品会是如此，甚至可能波及一切领域——免费是一种必然宿命，而不是一种选择。

在消费者眼中，便宜与免费之间有着天壤之别，"免费经济学"告诉我们，零价格是一种市场，其它价格的却是另一种，很多时候甚至是广阔市场与毫无市场的差别。"差不多免费"和"零"之间存在着巨大的心理差距，正因为如此，微小的收费也会招致失败，你永远不会发现Google出现在你的信用卡账单上。

克里斯·安德森的这一观察，与他在《长尾理论》中的思路一脉相承。他在长尾理论中提到了如何理解免费的力量，并列举了最广为人知的互联网商业模式——免费增值模式，首先用免费服务吸引大批用户，然后说服其中的某些人升级为付费的"高级"用户，换来更高的质量和更好的性能。比如，Skype免费提供基本的互联网通话服务，而互联网之外的网络通话则是需要付费的，一个典型的网站通常遵循1%法则——1%的用户支撑起其它99%的人可以免费享受基本服务。

免费的秘诀并非只此一途。Google尽管产品全部向消费者免费开放，但它却可以从广告商那里赚到数十亿美金，其它的如雅虎按页面浏览量付费的横幅广告、Amazon按交易付费的"会员广告"……但这一切仅仅只是开始。接着兴起的是下一波广告模式：付费的内置搜索结果以及对某些特定人群的第三方付费。所有这些策略都建立在这个原理上：通过免费赠品可形成偏好显著的受众，为影响他们，广告客户愿意付费。

由此看来，天下还是有免费午餐的，只不过那一定是有别的人支付了费用。在互联网经济中，谁会是最终买单的人？目前看来，似乎消费者是胜利的一方，只是我们面对免费的诱惑，不能忘了马云的话："免费是最贵的。"

1.免费增值模式（Freemium）

免费品：网络软件和服务，部分内容。

免费对象：普通用户。

该模式是媒体订阅模式的基础，它又可分为如下几种形式：从免费到付费的内容分级，或者一个额外的比免费版带有更多特性的"专业"版网站或软件。

这种免费模式的例子无处不在，但都做了些巧妙的调整。传统的免费例子包括派送糖果，或给那些婴儿母亲赠送尿布。这些免费模式都得花钱，制造商仅能免费派送极少数量的产品——他们希望以此引消费者上钩，从而激发更多的消费欲望。但就数字产品而言，这种免费品与付费品之比却倒了过来。

一个典型的网站通常遵循1%法则——1%的用户支撑起其它所有用户。Flickr网络相册就依靠每年25美元的专业版账户支持了无数的免费用户，这个由1%的人为99%的人买单的模型实际上在其它行业也屡见不鲜。这种模式的可行之处在于，服务其它那99%的用户的成本几乎为零，甚至完全能够忽略不计。

2.广告模式（Advertising）

免费品：内容、服务、软件等。

免费对象：所有人。

在广播电视节目或印刷物上安放广告，这种方式在基于互联网的广告模式前节节败退：包括雅虎的按页面浏览量付费的横幅广告、谷歌的按点击率付费的文本广告、亚马逊按交易付费的"会员广告"以及网站赞助，但这一切仅仅只是开始。接着兴起的是下一波广告模式：付费的内置搜索结果、付费的信息服务清单，以及对某些特定人群的第三方付费。如今，企业正试图从产品推介（按文章付费）转向按关系付费，如Facebook。所有这些策略都建立在这个原理上：通过免费赠品可形成偏好显著的受众；为影响他们，广告客户愿意付费。

3.交叉补贴模式（Cross-subsidies）

免费品：能促使你去购买其它互补品的任何产品。

免费对象：每一个终将进行购买的人。

沃尔玛的最新热门DVD仅售15美元，这是为招徕顾客而削本出售的产品。在依靠低于成本价的DVD诱惑你进去之后，他们就卖给你一台洗衣机或是别的什么，这将有利可图。不管是任何产品或服务套餐，从银行理财计划到手机消费计划，单个产品或服务的价格往往取决于消费者心理，而非成本。

另一个鲜活的例子，在圣保罗的一个喧闹角落，摊贩们抛售着最新的"tecnobrega" CD，包括一支名为Banda Calypso的当红乐队。像这些出自摊贩之手的CD，均未烙上任何唱片公司的标签，但它们并不是非法品，而是直接来源于那些乐队。Calypso将自己的CD和海报派发给他们将会去巡演所在地的摊贩，他们协定：摊贩可以拷贝这些CD并出售它们，同时独得所有的收入。因为卖唱片并非Calypso的主要收入来源，这支乐队的主营业务是商业表演。Calypso在各镇之间来回巡演，由于事前超便宜CD的宣传造势，他们的演出场场爆满。城里的小贩实实在在地为Calypso打造着街头信誉，他们的音乐在市区无所不在。这意味着，他们为自己的演出俘获了大批受众。

4.零边际成本模式（Zero marginal cost）

免费品：单位发行成本极低的产品。

免费对象：所有人。

没有什么比在线音乐更能描述这一模式。在数字复制品和P2P传输方式的推动下，音乐发行的实际成本几乎为零。在这里，不管有没有商业模式，在无限制的传播手段下，产品变为免费。这股趋势是如此强大，以至于法律、道德规制、加密保护技术以及其它所有的盗版障碍都纷纷走向破产。一些歌手在线派发他们的音乐，并藉此作为演唱会、正版唱片、播放许可证以及其它付费品的营销方式。然而其它受众却不假思索地接受了它们；对他们而言，音乐不是用来赚钱的生意，而是另有其美好意义——从快乐到创意性表达。

5.劳务交换模式（Labor exchange）

免费品：网站和服务。

免费对象：所有用户，因为其使用行为实际上已经创造了某些价值。

你只需通过验证程序，就能得到免费资讯内容；那些混乱不堪的文本框通常充斥着木马。你要做的就是对木马程序做出回应，接着你会被转接到其它站点——比起你浏览图片所引发的带宽消耗，此举颇有赚头。不管怎样，使用这些服务的行为本身就能创造价值，或提升这种服务，或创造一些可能有其它用处的信息。

6.赠予经济模式（Gift economy）

免费品：包括开源软件或UGC在内的全部庞杂资源。

免费对象：所有人。

从Freecycle到维基百科，我们发现，金钱并非唯一的激励。利他主义一直都存在，互联网却为其创造了一个平台，在那里，个体行为将引发全球性的影响。在某种意义上，零成本分发使得共享成为一种产业。

未来，免费模式会改变世界，整个商业模式都要在互联网的基础上重构，一切才刚刚开始。引用一段克里斯·安德森的话："我们正在进入免费时代。免费不再是商业噱头，而将成为经营的常态。这个变化有多大？你可以设想一个类似的例子：1954年，核能刚刚出现的时候，美国原子能委员会的主席说，未来电力将可以免费使用，因为人类将拥有无限的核能发电。当然，他的设想落空了，核能具有一定的危险性，所以不能无限使用。但是，要是他是对的，会怎样？如果电力真的可以免费使用呢？ 一切都会改变。所有大楼都将改用电力制冷，我们将使用电力汽车，自来水将全部是蒸馏水，内陆的旱地和沙漠都会得到浇灌，化石燃料将不再使用，全球变暖将成为一个历史名词。 今天，真正免费的不是电力，而是互联网。人类用了几十年时间，做到了计算能力不再需要分配，可以无限供给。我们使用带宽和储存设备的能力，才刚刚开始发展，只有我们的想像力才能限制它。未来的时代是免费互联网的时代，网上的一切都是可以无限使用的，新一代的人类将使用免费网络长大，他们会改变世界。因为，人类需要免费，而且免费也日益成为现实。"

# 分享时代的"平台经济"

正因为分享经济平台打开前端供给，提供更多非标准化、有创造力的服务。平台搭建了买方和卖方进行双向选择的机制。因此，劳动者是和消费者平等的商品/服务提供者。这反过来又促进了劳动力提供更丰富、独特的服务。

20世纪90年代，以新浪和雅虎为代表的门户网站，创造了互联网web1.0模式。

Web1.0模式，为读者提供即时和海量的信息渠道。但网站作为媒体组织向用户单向传播的传统模式并未改变，互联网内容是由少数编辑人员决定并发布的。用户在门户网站上，仅仅是浏览和阅读，而并没有参与。

2000年，美国".com"泡沫破灭后，互联网行业逐渐从web1.0开始过渡到Web2.0。

web2.0把互联网用户从web1.0纯粹"读"的角色转变为"写"和

"贡献"的角色，让用户参与到互联网内容的发布、编辑等流程。blog、tag、wiki、SNS等应用是web2.0的核心应用。与web1.0完全由网站发布内容不同，web2.0开始由用户发布内容。最初的论坛、BBS、博客、贴吧都是由用户生成社区的主要内容。人们共享信息主要经过了兴趣导向、知识导向、个人导向、内容导向四个发展阶段。

1. 以兴趣为导向的BBS社区的代表：猫扑、天涯、百度贴吧

BBS论坛多根据兴趣类别不同划分为许多板块，例如天涯论坛开办了股票论坛、天涯杂谈，电脑技术、情感天地、艺文漫笔、新闻众评、体育聚焦、书虫茶社、旅游休闲、海南发展、天涯互助等板块。用户可在自己感兴趣的板块就自己感兴趣的话题发表自己的观点并与他人进行讨论。论坛几乎涵盖了人们生活的各个方面，几乎每一个人都能找到符合自己兴趣的专题性论坛。除了猫扑、天涯等综合论坛外，一些功能性专题社区也应运而生，比如体育社区虎扑，动漫论坛ZERO等。

BBS社区的特点是，用户从自己的兴趣出发，将自己掌握的新闻消息、自己的观点评论通过BBS平台分享给拥有着同样兴趣的陌生人，并期望得到关注与反馈。

2. 以知识为导向的点评、百科社区的代表：维基百科、TripAdvisor、大众点评、百度百科

知识导向平台是信息分享平台的典型案例，用户将自己所拥有的知识和体验无偿地通过在线平台分享给他人，并不要求任何回报。

以成立于2001年的维基百科为例，维基百科开创了网民共同编写百科全书的模式。维基百科上呈现的信息，主要是由网络上志愿者共同合作编写而成，任何使用互联网进入维基百科者都可以编写和修改

里面的文章。截至2014年7月2日，维基百科条目数第一的英文维基百科已有454万个条目。全球所有282种语言的独立运作版本共突破2100万个条目，总登记用户也超越3200万人，而总编辑次数更是超越12亿次。2006年，百度百科上线，意在打造中文百科全书。

克莱舍基将这种网民的自有时间称为"认知盈余"。普通人对于自己真正感兴趣的领域实际上非常愿意投入时间进行创作或参与。互联网的出现，让他们的分享变得极度的方便和简单，用户可以方便的在维基百科上编辑词条或者在百度文库上传手中的文档。克莱舍基认为，将人们的自由时间和特殊才能汇聚到一起，能创造出巨大的价值。

Tripadvisor成立于2000年，是全球第一的旅游评论网站，月访问量达3.4亿人，同时拥有超过800万的注册会员以及超过2亿条旅游点评和评论。TripAdvisor有大量关于旅游目的地的信息，包括酒店、景点、餐厅。旅行者可以根据亲身体验对酒店、景点、餐厅进行真实评价，与他人共享信息。

3. 以个人展示为导向的社交网络的代表:Facebook、QQ空间、人人网、开心网

以个人为导向的信息共享模式又可以称为SNS模式，即社会性网络服务，旨在帮助人们建立起一个网络社交服务平台。用户在SNS平台上，可以添加自己熟悉的人成为好友来创建属于自己的一个专区，并可以在里面分享自己的照片、个人兴趣以及生活点滴，可以寻找、联络身边的好友并且互动。用户在SNS平台上通过信息的共享与互动来展现个人魅力，进行自我营销，拓宽现有人际关系。SNS一度成为了联络旧友与发现新朋友的最优先窗口。

Facebook于2004年2月4日在美国上线，每天上传约3.5亿张照片，拥有十几亿用户。Facebook成立后一年，王兴模仿Facebook成立中国版校内网（人人网），迅速发展成为在校学生分享自己生活状态、分享校园信息的共享与互动平台。在2007年10月份，校内网就曾覆盖国内80%的大学市场。

4. 以内容导向的媒体平台的代表：Twitter、Youtube、微博、土豆、博客

随着互联网带宽的增加以及移动互联网的普及，以内容为导向的信息分享平台也得到了快速的发展。以内容为导向的信息分享主要是指用户将自己撰写的文章、制作的视频、以及自己发现的新闻消息分享给他人。用户既可与熟人分享消息，也可以与陌生人分享消息。相比于SNS，以内容为导向的平台更注重内容的质量或者时效性，更类似于一个自媒体平台。

2004年，一家加拿大公司推出照片分享网站Flickr。Flickr本是为这家公司游戏产品"Game Neverending"所设计的附属项目。但公司的创始人很快意识到照片共享社区的前景。事实上，允许用户在互联网上分享照片的网站，自1999年就开始出现，但这些网站（Ofoto、Shutterfly和Snapfish）主要是通过鼓励用户在网络上分享照片，以促成他们进行网络冲印为主要的盈利模式。真正有用户贡献并分享的社区在当时仍然罕见。Flickr也创造了一系列在当时极具创新的功能：允许用户以时间为顺序查看自己的照片、允许用户为照片添加tag以帮助他们查找有兴趣的图片等。2005年，Flickr被雅虎收购，雅虎为用户提供每月高达100M的免费存储空间。通过用户贡献的图片内容，Flickr开始成为一个初始的图片社区，鼓励用户之间分享图片、评论和互动。

2005年，以用户上传为主的视频网站YouTube正式上线，草根用户开始大量在互联网上传视频作品，随着带宽的不断增加，用户分享视频的门槛越来越低。2006年，Google以16.5亿美元收购成立仅19个月的YouTube。到2010年，YouTube每日的视频观看量已经达到20亿次，2012年，YouTube视频观看量达到40亿次。当年，风靡全球的《江南style》在YouTube上首播，并成为首个观看量突破20亿次的视频。类似于Youtube，国内也在同时期出现了一些原创拍客网站。2005年，以土豆、六间房、56网为代表的类YouTube的网站开始出现。当年由胡戈自制的视频《一个馒头引发的血案》迅速传播，成为草根UGC视频最早的代表。但是因为国内网民的视频制作技术以及创新能力有限，大多数用户并不自己制作视频作品，而是将自己在街上遇到的实时新闻、奇闻异事等记录下来并与他人分享。

Twitter诞生于2006年，用户可以播报短消息给"followers（关注人）"，它也同样可允许用户指定想跟随的Twitter用户来读取他们发布的信息。所有的Twitter消息都被限制在140个字符之内。与Twitter相类似的国内产品微博诞生于2009年，用户可以将身边发生的新闻事件编辑为简单的文字、图片或视频发送给自己的关注人，可在移动端随时随地完成，保证了消息的时效性。

分享经济平台替代商业组织的出现，为服务/产品提供者可以进行相对自由灵活的定价的可能性。根植于互联网的分享经济平台，可方便供给方随时根据当前的供需调整价格策略，灵活定价。对供给者来说，只要共享的产品或服务闲置或未被充分利用，同时共享价格高于共享需要付出的成本（例如资产的折旧），就会有动力参与到分享经济中，并从中获得利润。

以滴滴快车为例，在高峰时段或者偏僻路段，即快车供给小于需求的时候，滴滴快车依据自行研发的算法进行动态调价，即在每单应有价的基础上增加一定金额，以刺激更多供给。以北京为例，最低调价3元，最高调价无上限，最高动态调价的成交价曾出现过89元。

类似的，Uber 动态定价模型中，当需求大于供给，算法会自动提高价格，减少需求提高供给，使得供需达到一个动态平衡。而当供给逐渐大于需求时，价格又会恢复到初始水平。这个过程循环往复，始终维持着平衡。

从美国Uber和出租车供给对比可清晰地看得到。白天时，出租车的供给基本处于一个平衡的状态，在午夜后是处于下降的。而乘客对出租车的需求与出租车的供给并不匹配，在下午4点前，出租车处于超额供给的状态。乘客在晚上8点之后，需求量迅速提升。而在晚八点后，出租车的供给不仅没有增加，而且呈现出下降（司机下班）的趋势。

而在分享经济平台上形成的市场则不同，Uber车辆供给与乘客需求曲线基本处于拟合状态。原因在于：

个人劳动者：Uber的司机是独立、闲散的线下劳动力，供给量灵活。而出租车司机主要以雇员的为主，形成稳定的劳动供给。

及时信息：Uber将需求信息推送给乘客周边的司机。利用移动设备，司机快速由非载客状态切换为载客状态。正是凭借信息的快速流转，司机可随时依据需求调节供给，从而促进了供需的平衡。

动态定价：Uber在高峰时期通过算法提价，为供给方提供更多的收益，促使他们愿意在高峰时期提供乘车服务。而出租车的定价是固定的，出租车司机通常不愿意在高峰时期提供服务，导致高峰时期供给与需求的不平衡进一步加大。

自由时间：服务/产品提供者可以自行决定对服务提供时间，而不需要受商业组织的制度限制。与传统的出租车司机进行白班、晚班的倒班制度不同，Uber/滴滴打车司机可以对自己的出车时间进行动态调节，甚至利用碎片化时间进行载客服务。而帮助司机从"上班"状态到"下班"状态，只需要触动APP上一个按钮即可。

分享经济带来的是对供给端的线下闲散劳动者能量和数量的释放。一方面，分享经济平台是一个"多劳多得"的机制，劳动者仅需要支付一定的佣金，即可获得客源；另一方面，服务时间的灵活自由，带来了一批有服务意愿但时间不固定的劳动者进入市场，进一步拓宽了供给端的劳动者数量。

双向约束：无论是Uber还是Airbnb都打破了传统的用户（顾客）对服务提供者的评价机制，建立用户和服务提供者双方相互评价的体系。买卖双方互评的体系实际上在C2C电商（淘宝、ebay）中应用广泛。但实际的情况是，C2C平台上的小卖家大多数提供的是无差别的标准化商品。他们对于买家的议价能力极低，买家可以在多个小卖家处购买到商品。电商平台也通常对买家的权益进行更有效的保护。

而分享经济平台的卖家通常会着力提供一种独特、个性化的非标商品。例如，Airbnb平台上，提供了可以在树上、湖边居住的房间，这在一定的时空之内是独一无二的，因此卖家甚至可以对买家进行筛选，选择其中评价最好的顾客入住，一些过去没有评分（未在Airbnb上进行过住宿）或评分较低（住宿过程中存在不文明行为）的用户则可能难以住上优质房源。

拼车或顺风车平台亦是如此，拼车司机在行驶过程中，将一个空位出租给需要搭乘同线路乘客。在一定时间内，这样的行驶线路可能也是独一无二的。如果乘客的过往的乘车评价较差，拼车司机可以选择不接单。另一方面，部分拼车软件要求乘客必须在汽车副驾驶位置就坐，从而形成乘客与车主是平等的关系，而非乘客与车主是雇佣关系。

随着每笔交易评价的不断产生，Airbnb上沉淀的房东和房客是相互评价体系构成平台最重要的价值之一。过去在交易中相对强势的买方也开始重视自己的评价情况。相较于用车，房屋租赁过程中，房东对房客的评价信息显得更加重要。用车是一个高频、短时间的用户需求，用户在每俩出租车中停留的时间大多保持在1小时之内。而房屋出租则是以天为单位，陌生房客需要与房东共同居住。房东对房客过去的评价则更为看重。通过这种双向的评价体系，平台不断沉淀供给方和需求方的评价信息，成为平台最重要的一部分资产，帮助交易双方解决信息不对称，更好地完成交易。

正因为分享经济平台打开前端供给，提供更多非标准化、有创造力的服务，平台搭建了买方和卖方进行双向选择的机制，因此，劳动者不再仅仅是"低三下四"的雇员，而是和消费者平等的商品/服务提供者。这反过来又促进了劳动者有动力提供更丰富、独特的服务。

移动互联网时代的"平台经济"主要指一种双边或多边的虚拟或现实的交易场所，平台本身不生产服务或产品，平台的法律性质属于第三方居间的法律关系，其可以促成双方或多方供求之间的交易，通过收取恰当的费用或赚取差价而获得收益。比如Uber是世界上最大的出租车公司，却没有一辆汽车；Facebook是全球最大的媒体公司，却不创造内容；阿里巴巴是世界上最大的零售商，但没有自己的商品和库存；Airbnb是最大的旅行房屋租赁社区，而它们没有自己的房产。

移动互联网的广泛普及，及大数据和云计算等领域的大范围应用，共同构成了分享经济的技术前提。互联网、移动互联网的发展让供需信息实现实时、精准的高效匹配。同时，移动互联网乐于分享的特性使得信息能够充分的流动。

技术的进步首先体现在互联网用户规模的增长和互联网站的快速增加。据Internet Live Stats的统计，全球互联网用户已经达到30亿人，而总的网站数量也即将逼近10亿个。快速增长的用户规模和互联网产品供给都让我们看到互联网时代日新月异的技术进步所带来的从量到质的飞跃。

对比美国、中国、印度三国的互联网渗透率，美国互联网渗透率约提前于中国10年左右。2014年美国的互联网渗透率已经超过80%，中国则为47.9%，印度则接近20%。从增长趋势来看，都在突破某一拐点后进入加速上升的态势。

根据互联网数据统计平台Statista的统计数据显示，美国从2000年至2014年期间，每百人手机拥有量从38部增长为98部，几乎达到人手一部的程度，奠定了移动互联网渗透率大幅提高的基础。与此同时，全球移动互联网的渗透率在不到七年的时间翻番达到36%的水平并继续增长，预计到2017年全球移动互联网的渗透率可以达到54%。智能手机的快速普及为随时随地的匹配供需需求奠定了重要前提。

大数据和云计算的发展也为分享经济做了很好的技术铺垫。在信息数据急剧增长的今天，大数据的应用开始以极快的增速创造价值。近年来全球数据存储量呈现爆炸式增长，美国互联网数据中心指出，互联网上的数据每年将增长50%，目前世界上90%的数据是最近几年才产生的。

IDC于2013年报道说，全球原始数据存储能力将由2012年的2596EB激增到2017年的7235EB，存储能力增长幅度高达180%。早在2000年,北美占40%的全球数字数据存储，西欧占27%，亚太地区占27%。根据IDC预测,在未来的时间内这样的格局将发生显著的变化,2017年北美将占24%的数字数据存储，西欧和亚太分别为38%和20%。同时根据Wind数据整理，以ZB为存储单位衡量全球的存储能力，全球的数据存储量增长极快，2014年接近于达到100%的增长率。而大数据对于各细分行业的产值也产生了较大的影响。根据麦肯锡对美国2000~2008年各行业由于大数据贡献而实现的生产增长率统计来看，电脑等电子产品和信息技术行业的增长率对于大数据应用的价值反馈是敏感于其它行业的，两个服务行业集群(B)金融、保险和政府也能够从大数据中获益,只要它的使用障碍可以克服，可见大数据技术的进步对于推动互联网行业的价值创造的支持意义之重大。

根据互联网协会分享经济委员会发布的《中国分享经济发展报告2016》显示，中国分享经济市场规模2015年就已达到19560亿元，而且中国参与分享经济活动总人数目前已超过5亿人。

当我们提到制造业的平台模式时，就会想到宏基集团创办人施振荣于1992年提出的著名商业理论——"微笑曲线"，因其较为贴切地诠释了工业化生产模式中产业分工问题而备受业界认可，已经成为诸多企业的发展哲学。

"微笑曲线"有三个空间。一是生产制造环节，该环节总是处在产业链上的低利润环节，在国际产业分工体系中，发达国家的企业往往占据着研发与设计、营销与服务的产业链高端位置，发展中国家的厂商则被挤压在低利润区的生产与制造环节。在国际产业分工体系中走向产业链高端位置，向"微笑曲线"两端延伸，已成为发展中国家制造厂商们的最高目标。

在网络平台时代，企业可以不再纠缠"微笑曲线"这个难题。因为，制造业传统意义上的价值创造和分配模式正在发生转变，借助于互联网平台，企业、客户及利益相关方纷纷参与到价值创造、价值传递及价值实现等生产制造的各个环节。"互联网+协同供应链"不仅是"信息共享"，还将广泛开展"物理共享"，从而形成新产业链融合的价值创造和分享模式，开创全新的分享经济，并带动"大众创业"和"万众创新"的新模式。

"平台经济"的兴起为"大众创业"提供了一种新的思维和较为便捷的路径，即充分利用自身资源，使广大创业者可以通过互联网平台提供直接交易的渠道，同时可以不断降低初始投入成本，创新出更多的新商业模式和新的就业机会。

# 第四章
# 分享经济的新经济实践

　　整个分享经济的大前提，是建立在碎片化的时间以及闲置资产基础上。通过分享经济模式，是否能够真正释放碎片化时间的价值，是否真正能够释放闲置资产价值是关键，如滴滴打车、优步都很好的利用了这一点。

# 分享经济促进经济增长

　　随着科技的发展，生产力和社会财富快速提升，经济过剩成为全球新问题。经济过剩带来了经济剩余资源，在企业层面体现为闲置库存和闲置产能，在个人层面则表现为闲置资金、物品和认知盈余。分享经济，可以通过大规模盘活经济剩余而激发新的经济效益。正如李克强总理在2015年夏季达沃斯论坛指出的：分享经济是拉动经济增长的新路子，通过分享、协作方式搞创业创新，门槛更低、成本更小、速度更快，这有利于拓展我国分享经济的新领域，让更多的人参与进来。我国分享经济在许多领域取得了不错的成绩：在闲置房产领域，一些网站通过以租代售的分享方法，催生了旅游住宿新模式，促进了旅游经济的发展；在劳动服务领域，在线服务众包模式得到社会认同，已创造了上千万的就业机会，极大缓解了就业压力；在交通出行领域，滴滴顺风车仅在2016年春节前就输送81万人合乘返乡，一定程度上缓解了春运运力不足的问题，体现了分享经济化解社会问题的强大适应性。另外，在制造业领域，分享经济带来的生产革新也开始萌芽，已出现了分享供应链和通过以租代售化解企业库存的做法。

传统商业模式下供需双方之间存在着巨大的交易成本，包括组织臃肿导致的沟通与协调障碍和代理人成本等，这些都推动消费者和创业者寻找是否存在更低交易成本商业模式的可能性。以传统商业模式的产业链来看，最终到达消费者手中的消费品从最初的上游原材料为起点，便开始了商品价值增值与成本损耗增加的过程，排除供应商之间交易环节造成的各种耗费，仅就生产制造商就要面对采购进货、仓储、研发、财务及行政管理、销售及渠道维护等各个环节形成的高额成本及各种摩擦造成的隐形成本与损耗。

除了在整个生产过程中无形的损耗造成的隐性成本，传统行业的营业成本费用负担本身就很重。根据Wind对电信业、住宿业、餐饮业及大旅游业的行业平均成本占主营收入比率判断，涉及消费者生活的食、住、游以及通信行业的营业成本常年居高不下，电信业的成本费用率平均为85%，住宿业的平均成本费用率在这四个行业中最高达98%；如此之高的营业成本直接挤压了各行业的利润空间，寻求商业模式和交易方式的突破，摆脱现有模式的困局是传统行业的探寻方向，一定程度上也正是现有困局倒逼传统企业探索分享经济模式的结果。

当前，我国的分享经济正从交通出行和住宿领域拓展到个人消费的许多领域，同时企业端市场也正在逐渐成型。随着分享经济的发展，"闲置就是浪费、使用但不购买"的新消费观念逐步盛行，利用更少的资源消耗，满足更多人群的日常生活需求，为绿色发展、可持续发展提供了条件。可以预见，这场已影响了数亿人的分享经济风潮，将为我国经济增长注入一股强大的新动能，有助于中国经济实现"动力转换"，把服务业变成经济增长的"主引擎"。

在2016年两会期间，马化腾提出一个大胆的预言：分享经济将成为促进经济增长的新动能。随着科技的发展，生产力和社会财富快速提升，经济过剩成为全球新问题。经济过剩带来了经济剩余资源，在企业层面体现为闲置库存和闲置产能，在个人层面则表现为闲置资金、物品和认知盈余。分享经济，恰恰是一种通过大规模盘活经济剩余而激发经济效益的经济形态。

在大众创业、万众创新的新经济浪潮中，分享经济该如何施展身手呢？

众创空间在创业经济中扮演着重要角色。

"众创空间"这一概念最早于2015年1月28日在国务院常务会议上提出，之后科技部等部门相继下发文件推进众创空间政策的建设和落实。

国务院《关于发展众创空间推进大众创新创业的指导意见》指出，众创空间是顺应网络时代创新创业特点和需求，通过市场化机制、专业化服务和资本化途径构建的低成本、便利化、全要素、开放式的新型创业服务平台的统称。这类平台，为创业者提供了工作空间、网络空间、社交空间和资源共享空间。

从具体商业模式来看，众创空间以初创企业、创业者、成熟企业的内部创业部门等为服务对象，基于自身的核心资源和引入的第三方资源，通过线上线下平台，汇聚投资者、传媒机构等，为创业者提供集约化、一站式配套服务，以及低成本办公环境、软硬件设备，使创

**业者可以集中精力专注于产品研发和运营等核心事务。**

在创业的创意形成、产品开发、团队建设、融资、市场推广等各个任务阶段，众创空间提供相应服务，帮助企业解决成长中的各种问题。

当前，我国分享经济还处于发展初期，市场发育不完善。2015年，中国分享经济市场规模超过1万亿元(占GDP比例不足1.6%)，其中非金融类的规模不足一成；而美国分享经济总量已超过3万亿元(占美国GDP的3%)，并且非金融类的占比超过九成。相比而言，我国的分享经济还有很远的路要走。目前主要有以下几个制约问题：

1.对于分享经济的监管，仍然坚持传统行业的管理理念，不利于行业创新

我国现有的监管思路，主要强调在细分市场基础上的市场准入监管，通过牌照等方式管理。而在分享经济时代，融合性新业态大量出现，突破了传统的细分式管理模式，如果直接套用已有的监管模式，监管效果不仅会大打折扣，更有可能直接扼杀新兴的经济业态。与此同时，在分享经济的监管方面，"泛安全化"现象值得深思。安全问题往往成为否定分享经济新业态的重要原因。但对于安全问题的讨论，失之于宽泛和空洞，往往缺乏充分具体的论证。

2.征信制度等配套制度不完善

信用是分享经济的"硬通货"，市场的供需双方必须建立互信关系，才会发生分享行为，才能达成交易。分享经济下，需要通过二代身份证信息验证、社交账号登录、好友关系提示、双方互评体系、个人展示、保险赔付等制度，来快速增加经济参与主体之间的信用关系。但由于目前我国的征信体系仍不完善，例如在分享经济中，平台

企业审查供应方的信用，只能依靠商业征信以及点评体系等方式。而更为真实有效的以人民银行征信中心为代表的金融征信，以及各类行政管理征信(包括公安、工商、税务、海关等)难以与平台企业实现有效对接，使得平台企业对服务提供者的资质审查可能存在一定的风险和漏洞，会影响分享经济的安全性。

3.基础设施能力不足，影响社会参与程度

分享经济是互联网高度发达的产物，其需求广泛地存在于我国各地城乡之间。然而，我国网络基础设施建设还有待进一步提高。首先，我国互联网普及率虽然已增长至50.3%,但比发达国家80%以上的普及率仍有不小差距。其次，移动宽带4G/3G应用主要分布在经济发达地区，部分三、四线城市和农村地区发展不够理想。第三，上网的资费依然偏高，有进一步降低的空间。基础设施能力不足直接影响了13亿国民对分享经济的参与。

关于促进我国分享经济发展的建议：

1.认识层面，需进一步普及分享经济的理念和价值，并完善分享经济数据统计机制

政府可以从社会意识、学校教育以及设立分享经济示范城市等多方面着手，宣传分享经济给经济、社会和环境带来的良好效果，鼓励青年学生参与分享经济的创业创新项目，消除社会公众对于分享经济的一些疑虑和误解，最终提升社会公众对于分享经济的认识和参与热情。另外，分享经济带来的经济增量数据并没有体现在GDP统计中，建议政府建立新型数据收集机制，有效统计分享经济对GDP和消费者价格指数(CPI)的影响，为政府决策提供精准数据分析。

2.监管层面，坚持包容性治理，营造开放包容监管环境

目前世界各国高度重视发展分享经济，许多政府出台鼓励政策促进分享经济发展。如英国政府制订了分享经济计划，旨在打造分享经济的全球中心；韩国政府也在放松市场管制，提出发展分享经济"示范城市"。面对分享经济新型商业模式、经营方式等与传统产业的不同，不能削足适履，强迫新事物符合旧的监管框架，应因地制宜地调整监管策略，坚持具体问题具体分析，及时清理阻碍发展的不合理规章制度，促进分享经济发展。

3.配套制度层面，完善信用机制等配套制度的建设

首先，应大力发展征信市场，加快社会征信体系建设，推进各类信用信息平台无缝对接，打破信息孤岛。加强信用记录、风险预警、违法失信行为等信息资源在线披露和共享，为经营者提供信用信息查询、企业网上身份认证等服务。其次，进一步完善社会保障和福利机制。有关机构应为分享经济参与者提供必要的保险和福利，提供分享经济就业指导，以帮助求职者提高经验、技术和收入。鼓励分享经济平台与保险机构合作成立赔付基金，或双方合作提供保险产品等。

4.加快分享经济所需的基础设施建设

进一步加强宽带基础设施建设，提速降费，消除数字鸿沟，使更多人融入分享经济平台，参与分享经济服务；推出分享经济示范城市，树立示范效应；将分享经济纳入政府采购范畴，鼓励各级机构使用分享经济平台进行采购、交通、住宿等服务。

# 产业生态资源的分享

分享经济产业链是一个动态的生态圈，每个消费者既可以是生态圈中以供给为形式的外围组成，也可以随时转化成为以需求为核心的中心，每一个个人或企业都有可能是产品和服务的供给者或需求方，这种方式决定了整个交易市场的无限外延能力。

共享型经济的产业链从形态上不同于传统产业，传统产业的产业链或价值链中最初的供给者到需求者的价值和信息传递是单向传输，且中间需要途经多个中间商才能完成最后的交易，交易的成本和效率都会因环节的繁赘与信息的不对称而大打折扣。

分享经济其通过唯一的第三方平台（互联网或移动互联网提供的技术支持）将自己所愿意共享的资产公开于这个虚拟的交易平台，并实现成本最低、沟通最快捷、实现最便利的方式来获取或给予。

当前，创业经济成为中国经济增长的引擎。中国正在上演通过供给侧改革解决宏观经济问题的大戏，以"互联网+"为驱动的创业经济正是这个时代最强劲的节奏。我国正处于投资驱动向创新驱动过渡的阶段，创业创新日益活跃，创业经济逐步升温。

我们知道，中世纪文艺复兴带来的创新力、爆发力改变了人类文明的进程；如今，在科技推动下，数字文化正在开启一场中国与世界的文艺复兴。更多的创造力推动着社会进步，一切变革正在快速到来。

当下的移动互联网浪潮，正在以技术驱动为升级的方式，改变人们的生活，提高效率，正在重组传统行业、IT业、通讯业、以及传媒娱乐业等。基于第三次浪潮的趋势规律，O2O模式、分享经济等在现实生活中的应用，无不彰显着社会化、即时化的大规模协作正在全面引领着各行业的变革，不仅增效了人们的生活方式，也将对整个人类社会的文明进程带来充满想象的未来。

创业经济是一种新经济。它建立在创新事业基础上，从制度结构、政策和战略上支持并保证经济创新，从而促进中小企业的不断创新与发展。早在20世纪80年代，彼得·德鲁克把创业经济定义为"新经济"，并称之为"近代经济和社会史上发生的最重要、最有希望的事件"。

这个结论是在研究了美国70年代经济大萧条期间的创业活动之后得出的。1973~1975年，世界性经济危机爆发，美元与黄金彻底脱钩，美元一统天下的局面被打破，美国经济连续两年出现负增长，处于风雨飘摇之中。然而，德鲁克发现了一个有意思的现象，1970~1980年，2 000多万个新的就业机会中，大多数是由小企业和新企业提供的。经济虽然低迷，但创业经济日趋活跃，而且逆势上涨。

这个趋势完全与"二战"过后的情况相反。1950~1970年20年时间里，美国每四个新就业机会中有三个是由大企业或政府创造的。每逢经济衰退，失业集中发生于新企业或小公司。

到20世纪80年代，里根政府开启了美国经济的供给学派改革。这个时代也正是美国IT产业全面创业、全球扩张的时期。诸如微软、苹果、思科等"小"公司均成长于这个时代。伴随着美国IT产业起飞，里根经济学落地，美国经济滞胀问题得以解决，整体经济开始复苏，个别年份发展特别强劲。

虽然分享经济行业发展的时间不长，但在短时间内已经快速地渗透到了很多行业和细分市场。据Crowd companies统计，在2014年不到半年的时间里分享经济所渗透的领域就增加了6个行业，而且还在以极快的速度和想像力迅速铺开，截至2014年12月，主要涉及以下12个领域：

1.食品（共享食品、共享食品制作）；2.市政（设备、安全）；3.资金（虚拟货币、众筹、货币借贷）；4.教育（P2P、专业指导）；5.商品（二手交易、商品租赁、定制商品）；6.健康医疗（健康、医疗）；7.空间（私人空间、工作场所、租赁最优化）；8.公共设施（通讯、能源）；9.交通（交通服务、交通工具租赁、驱动程序最优化）；10.服务（个人、商务）；11.物流（本地交付、运输、存储）；12.公司（私有品牌、供应链、雇员服务）。

我们搜集、整理并归纳了国内外已经出现的各种共享型经济企业，其中最具有典型的是以下行业。

1.快递业

目前快递业的模式大部分是由快递公司雇用全职快递员进行商品配送，是个重资产的模式，最大的资源需求就是人力，人力一旦紧缺就会导致快递的延误，影响用户体验。每年快到过年的时候，由于大批快递员提前回家，人员紧缺便会导致快递的延后。

分享经济模式下的快递业相对于传统快递业来讲必然是轻资产模式，一个商家在平台发出送货需求，附近的有车人员接到需求后到商家所在处取货然后送至目的地。

传统模式是：一个司机负责从生产中心到卸货地点的全部卸货，然后接一批在返回路上的货物交付。分享经济模式则是：第一个司机在比较近的中心交付货物，然后拉起另一拖车的货物返回，第二个司机会装运货物送到线路上的下一个中心，可以是港口、铁路货场、飞机场，直到整车货物抵达目的地。

事实上Uber已经开始了这种模式的探索，在美国Uber推出了同城快递服务Uber Rush，用户可以在Uber上叫快递，然后，由司机将物品派送到目的地，用户可以看到物品预计的到达时间和物品的实时位置。

在中国，2014年10月28日，聚美优品在京举行与北京日报集团（以下简称"京报集团"）发行公司的物流战略合作签约仪式。双方达成在物流方面"合作自建配送"的新模式，并在物流、配送、电商、大数据分析等领域展开深度长期合作。聚美优品通过整合第三方冗余物流资源，以合作的形式实现轻资产化的自建配送，在行业内还是首创。

电商行业的配送环节中，有第三方和自建两种模式。第三方模式是指电商公司通过第三方快递公司（如四通一达）进行配送订单。所谓自建模式，是电商在自建配送覆盖的区域用本公司自有员工进行订单配送。

聚美优品开创了"合作自建配送"的新模式，即聚美优品提供稳定的单量，合作方以自建配送的标准，使用聚美优品自主研发的配送系统、工服、三轮车、POS机，与聚美公司共享干支线运输、站点店面、快递人员等物流相关资源。

分享经济下的快递业可以充分利用全社会拥有空闲时间的人员，因而在人员问题上要好于传统快递业，而基于地理位置寻找最近人员的方式也使快递的时间得到了节约。

2.家政服务业

在美国电影《另一个地球》中，女主角撞死了男主角的妻子和孩子，并非职业清洁工的女主角由于愧疚某天敲开了男主角的门并为对方提供清洁服务。这里的女主角并非某个家政公司的员工，而只是一种个人（自雇）行为。

分享经济下的家政服务就是这种场景，提供家政服务的人员并非是某个家政公司的员工，而只是拥有空闲时间并想赚点钱的人，当然他们可能有过家政的相关培训经历，或拥有带孩子的经验。

在分享经济下的家政服务人员与传统家政服务相比，并不一定是整月或整年为有需要的家庭提供服务，而更可能是在许多家庭有某些急切需求的时候提供服务，比如老婆出差自己没时间打扫、奶奶回老家小孩无人照顾等情况，分享经济下的家政服务业对于已经退休的赋闲人员来讲是一个很好的再就业机会。当然服务需求方可以根据服务方的服务经验和过往口碑来决定是否雇用对方，这一点已经成了互联网公司的标配。

3.教育行业

在中国，虽然公立教育相对来说基本处于垄断地位，但在公立教育之外市场依然无限广大，公立学校老师利用寒暑假办班和遍地开花的私立教育机构就是一个体现。

分享经济下的教育行业，对于服务提供方来说可以解决两类人的问题。第一，可以解决公立学校老师在业余时间赚取外快的需求；第二，可以解决拥有教师资质但无法进入公立学校工作的人的需求。同时他们也可以不用依附于私立教育机构，而是成为自由职业者，为学生提供服务，这种服务给平台的佣金一定远远低于给私立教育机构的佣金。

对于服务需求方来说，它可以解决学生的个性化教育服务需求，帮助其找到合适的好口碑的老师。

4.培训业

随着自媒体时代的到来，培训业已经在中国这片大地上大面积开花，自媒体时代孕育的培训师是在某些方面拥有一技之长的行业专家，他们往往不依附于某个培训机构，而是或成立自己的工作室，或利用业余时间展开培训工作。

姬十三成立的"在行"就是分享经济下培训业的具体体现，任何一个在某方面有所建树或有所见解的人都可以注册成为行家，这些行家是自由的，不依附于任何培训机构。而任何想在某方面获得指点的人，都可以找到合适的交谈对象。在行这个平台除了形式上不是培训而是一对一学习交谈外，在本质上其实正属于分享经济下的培训。

姬十三在《用分享经济，造一所"社会大学"》中说：在尝试着促成一次次见面交谈，不管是求学、谋职还是创业、创新、旅行、装修，任何大小颗粒度的问题，都有人为你出谋划策，给予私人定制的选择建议。这是对传统"人情求助式交谈"的重新改造，互利互惠，彼此成全。

5.个人服务业

上门理发、上门按摩、上门美甲，这些说法放在5年前恐怕我们想都不敢想，但移动互联网让这些成为现实。

传统的服务业是有需求的客户来到店家处购买服务，这是大部分商业模式的特点，并没有什么错。但分享经济下的个人服务业相对于传统个人服务业有两个无法比拟的优势，一是对于消费者来说节省时间，在这个时间就是金钱的时代，没有什么比这点更重要了。比如传统理发店，你在来之前并不知道这里排了多长的队，也不知道你心仪的理发师是否在店内，到了之很有可能会等一两个小时。分享经济下，你可以提前查看心仪的理发师什么时候有时间，然后预约，预约成功后，规划好自己的时间，就可以惬意地做自己的事了。二是对于服务师傅来说，可以更充分地利用自己的时间，传统雇用式的门店，必须服务于到店顾客，而如果今天一天生意冷清，那么理发师就没什么事做，也就没什么钱赚。在分享经济下，自己的时间可以提前预约，这样就可以将自己的时间安排合理，更充分地利用时间提供服务和赚钱。

目前，河狸家、嘟嘟美甲、功夫熊、点到按摩、推拿狮、华佗驾到等平台正是在提供这样的服务。

6.新闻业

在新闻业，自雇型的记者其实早已有之，在博客时代周曙光就曾独立报道"重庆最牛钉子户"并引发广泛关注，当然，那个时候周曙光的商业模式并没有那么明确。在新媒体时代，科技博客的崛起成为分享经济的最重要体现。

未来的分享经济或许是这样的，在某个事件发生或即将发生时，平台发起采访或写作任务，注册作者选择自己感兴趣或适合的任务，然后进行采访并成文，最终发布至平台上，最后平台对于作者的贡献给予稿费。目前，虎嗅和百度百家在创业报道方面就正在进行这样的尝试。

7.租赁业

酒店式的租赁业由Airbnb在市场上占据主导地位，而分享经济同样正在渗透办公租赁业，它主要满足的是办公短租租赁者的需求。

分享经济下的办公租赁业主要针对以下几类人群。一是初创企业，任何一个企业都是由弱小成长得强大的，它们在初创时并没有特别大的办公租赁需求，只需要有一个办公的地点就可以了；二是自由职业者或工作室工作者，他们没有长期的租赁需求，而只有弹性的租赁需求；三是中小企业的外地办事处，有时候为支持一个外地项目，中小企业必须驻扎外地办公，但如果不是稳定的项目，这些企业也许只需要一个临时的办公地点。当然，如果这个办公地点有公用的会议室、打印机、茶歇地点等空间会更受欢迎。

潘石屹推出了短租写字楼，而美国的Wework估值超过50亿美元，它们可以供租赁者按月甚至按周租赁办公空间，并提供会议室、打印机等公共设备。事实上，某些办公楼的小空间或某个公司的空闲空间同样可以提供这种服务。

8.广告创意业

广告创意行业一直不缺兼职的合作者，这些能够为公司提供创意内容但并不供职公司的人被称为自由职业者，大部分创意公司都不大可能完全离开自由职业者。很多时候，创意公司会有一些固定的、合作过多次的自由职业者，但人数没有那么多，选择也比较有限。

分享经济为创意业提供了更多的可能，当某个公司发出了一个客户的相关任务，平台上会有很多创意人员领取任务，公司根据创意人员的过往作品和评价选取合适的人员，然后开始达成协议并实施。从理论上来讲，这种模式可以供一个CEO开一家几乎没有全职创意人员的"空壳公司"。

当然，这样的预想在目前看来依然有难度，创意不像租车，不是标准化的模式和流程，并且很多时候兼职创意者并不能领会雇主的意图，猪八戒网也是因为这些原因而备受指责，但分享经济相对漫长的广告行业存在的时间甚至可以忽略不计，分享经济下兼职创意人员对雇主的贡献在未来可能有更多的可能。

9.医疗业

在中国，医疗行业和教育行业面临着相似的情况，它们都是公立机构占据主导地位，而私立机构又有着诸多问题。对于医疗服务来说，人人都希望有针对个人的定制化医疗服务，而非到公立医院用一周时间排队、挂号，然后医生两分钟看完病走人。

分享经济下，医生可以用空余时间为附近或更远（根据费用）的想享受定制化医疗服务的病人提供在线咨询以及上门治疗等服务，而病人不需要跑到医院挂号、问诊。

当前医疗的矛盾很大一部分是有限的公立医院资源与巨大的病人医疗需求之间的矛盾，分享经济并不能完全解决这个问题，如果医疗行业实现完全的市场化，那么在分享经济模式下，医疗行业定会迸发出巨大的生机。

# 连接一切的生态布局

近年来，国内分享经济发展迅速，平台企业快速成长。根据速途研究院数据，2012年在线短租市场起步时市场规模仅有1.4亿元，2014年达到38亿元，2015年超过100亿元，环比增长163%。在医疗分享领域，名医主刀自2015年10月上线后的几个多月内就开展了数千台手术，业务量月均增速40%以上。在网贷领域，行业发展还处在高速增长期，领先企业仍然保持100%以上的增长。搜易贷成立于2014年9月，在2015年实现营收65亿元。京东产品众筹于2014年7月上线，截至2015年12月，京东产品众筹总筹资额已突破13亿元，其中百万级项目超200个，千万级项目已有20个。分享经济的发展速度远远超传统行业，发展潜力巨大。

分享经济各领域代表性企业的参与人数快速增加。截至2015年底，接入滴滴出行平台的司机数已超过1400万人，注册用户数达2.5亿人。成立于2015年5月的京东众包，半年多时间内就发展注册快递员超过50万人，其中参与过快递业务的就有20万人。到2015年底，猪八戒网注册用户数达1300万人。2015年约有7200万人次参与过众筹活动，使用过O2O类本地生活服务的用户数量超过3亿人。

当前占主导地位的经济社会管理制度是建立在工业经济和工业化大生产基础上的，强调集权、层级管理、区域与条块分割等管理方式，注重事前审批和准入。基于网络的分享经济具有典型的网络化、跨区域、跨行业等特征，快速发展的实践使得许多制度变得越来越不适应。

当前许多新业态游走在监管的灰色地带，如股权众筹在我国还处于法律与监管的模糊地带。有些创新实践则面临不合理的制度要求，如从事互联网教育的企业被要求配置线下教学用地，否则不予审批；一些地区要求从事网络出行服务的专车需要具有运营资格，等等。如按现有法律和制度要求，多数分享经济模式都有"违法"嫌疑，面临随时都可能被叫停的灭顶之灾。诸如此类的问题还有很多，分享经济的发展对现有的政策、制度、法律提出了新的挑战，也在倒逼监管部门研究、制定适应分享经济发展的政策体系，创新和完善监管方式与手段。

分享经济之所以席卷全球，必须要归功于一个看不见的推手——政府。

为应对分享经济带来的新消费浪潮，各国政府因地制宜地推出了不同的政策。尽管分享经济在全球的发展体现出区域间不平衡的样态，尽管各国分享经济又存在着自身发展的内在逻辑，但就目前各经济体的政策来倒推其目的来看，又会发现其目的具有高度的一致性：推动分享经济的发展。

以上内容便构成了如今全球分享经济政策的"基本面"，即在推动分享经济发展的目的引导下，通过差异性与同质性的政策，为本地区、本国的分享经济起步、持续发展提供动力，也即当今分享经济政策发展的"一点两面"：促进分享经济发展中心点，体现出政策的同质面与差异面。

如何分析基本面？我们可从以下三个层面入手来解读一下：国家战略层面、具体促进措施层面以及监管层面。

第一，国家战略层面能够直接反映出国家对分享经济的态度。往往宏观战略的提出与相关地区、国家经济、政治利益密切相关，也与相关领域的发展态势高度关联，而分析这种战略就能看出分享经济在该地区、国家的发展概况。经过分析，目前全球主要国家在分享经济方面主要采取积极应对的战略，打战略组合拳。

第二，具体促进措施层面。具体促进措施是该地区、国家在处理具体问题时候的具体办法，也是"一点两面"中差异性与同质性的集中体现，分析具体的促进措施可以更好地明确各地区、各国的具体办法，具象化地展现政策的区域与国别属性，同时也能为政策制定者提供直接的借鉴样板。目前可以看出，各国在分享经济的促进措施上采用了"五连环"的方式，大力推动分享经济发展。

第三，监管层面。监管问题一直是新经济形式出现后的焦点，是否应该监管、如何监管等问题也是政府需重点考虑的。而目前监管层面出现的是"一体两翼"的特点。

近些年，中国政府高度重视互联网产业发展，坚持以开放的姿态拥抱互联网，用市场的思维培育互联网经济，在"十三五"发展规划纲要中明确提出了发展分享经济。从现实情况看，中国发展分享经济存在四大有利条件：

一是转型发展的强大需求。人类社会发展到今天，试图通过创造更多的财富满足人们需求的做法已经达到了资源利用的极限。尤其是对于中国而言，要用传统的方法实现未被满足的大量刚性需求已不可能。分享经济在承认产权私有的前提下，又能够让整个社会资源被分享，这是解决人均资源供给不足的有效途径。当前我国正处于发展动力转换的关键时期，加快发展分享经济将有利于培育新的经济增长点、化解转型期阵痛，实现发展动力转换。

二是网民大国红利。截至2015年12月，全国网民人数已达6.88亿人，互联网普及率50.3%。上网终端逐渐多样化，全国手机用户数超过13亿户，手机移动端上网比例高达90%。庞大的网民和手机用户群体，使得中国分享经济发展拥有得天独厚的优势条件，在众多分享领域都可以轻易在全球排名中拔得头筹。如2015年滴滴出行全平台（出租车、专车、快车、顺风车、代驾、巴士、试驾、企业版）订单总量达到14.3亿，这一数字相当于美国2015年所有出租车订单量的近两倍，也超越了已成立6年的Uber实现的累计10亿的订单数。美团网累计的用户有6亿左右，其中移动端的活跃用户数达到了1.5亿，年购买用户数接近2亿，目前日订单量突破1000万单。

三是节俭的文化。中国传统文化向来崇尚节俭，编撰于战国初年的《左传》所引用之古语就认为："俭，德之共也；侈，恶之大也"。《论语》中也记载了孔子的言论"奢则不孙，俭则固"。对于分享经济的发展而言，节俭这种根深蒂固的消费理念是很重要的文化背景。

四是成功的实践。百度、阿里巴巴、腾讯、京东跻身全球互联网企业市值排行榜前10位，有足够的经验供互联网创业公司借鉴。滴滴出行、猪八戒网等企业的崛起也吸引了大量创业者涌入分享经济领域。领先企业的成长路径和成功经验为分享经济领域初创企业的发展提供了借鉴。

从发展实践看，中国的分享经济实践大体经历了三个阶段：一是萌芽阶段（2008年之前）：上世纪90年开始，美国陆续出现Craigslist、Napster、Zipcar等分享经济平台，在互联大潮的影响下，一批海归回国创业，国内互联网产业开始发展，开始出现一些基于互动式问答的知识分享网站，并逐步出现一些众包平台，如K68、威客中国、猪八戒网等。这一时期分享经济的发展仍处于萌芽阶段，似星星之火，尚未形成燎原之势。

二是起步阶段（2009~2012年）：伴随着国外分享经济浪潮的发展，国内众多领域的分享型企业开始大量涌现，如滴滴出行、红岭创投、人人贷、天使汇、蚂蚁短租、途家网、小猪短租、饿了么等。

三是快速成长阶段（2013年以来）：随着技术和商业模式的不断成熟、用户的广泛参与以及大量的资金进入，部分领域的代表性企业体量和影响力迅速扩大。分享经济影响越来越广泛，许多领域出现了本土化创新企业，已经有企业开始了全球化进程。总体上看，这一时期分享经济领域的企业数量和市场规模都呈加速成长态势。

未来，分享经济领域的竞争将更加激烈，产业发展将在竞争、淘汰、整合的过程中走向成熟。

# 第五章
# 分享与按需的关系

　　分享经济模式在现阶段会面临较高的质量安全风险，虽然开放性的供需环境对于供应商来说极具诱惑力，但会导致消费体验的不定性增加，并可能导致负面口碑并成为"病妻"——陷入恶性循环。

# 按需经济的出现

2015年1月，《经济学人》杂志发了一篇重要的文章《招之即来的工人》(Workers on Tap)，介绍了一个现象：公司的员工可以变得像水龙头的水一样，招之即来挥之即去，而不必天天都出现在老板面前。这是从"按需经济"(on-demand economy)角度给分享经济开辟了一片新的天地。

文章发现，在旧金山和纽约等地，按需经济正在崛起，谷歌和脸谱网等大公司的年轻技术人员可以利用手机上的应用要求Handy或Homejoy帮助清理公寓，通过Instacart采购食品和递送，通过Washio洗衣服，通过BloomThat送花等。

而这些应用的开发商，是从打车应用Uber身上获得灵感的。

文章分析，知识密集型公司已经向市场外包更多工作，部分原因是其可节省成本，也可解放更聪明的全职员工专注于可带来最多价值的领域。

鉴于这种公司越来越多，文章指出，这种繁荣标志着一种更深入转变正进入新阶段。现在，使用无处不在的智能手机平台以各种各样的新方式传递劳动和服务，将挑战20世纪的许多基础理论，包括公司性质和职业生涯结构等。

说起按需经济，尤其是IT(信息科技)人士可能会想起IBM公司在十几年前提出的"on demand"一词。大概为了显得有力，当时没有翻译成"按需"，而将之翻译为"随需应变"；到了2007年，IBM又向全世界发了一个"新版本"：e-Business,on demand(电子商务，随需应变)——企业可以很自如地在整个企业内部梳理、优化并整合从订单到最终产品的全部流程，然后通过电子商务方式打通整个供应链，将企业外部的重要合作伙伴、供应商和客户连接在一起。

时至今日，按需经济大行其道。那么，按需经济和分享经济能不能画等号呢？

有个专业网站，名曰"THE ON-DEMAND ECONOMY"，将"按需经济"定义为一个致力于提出能使日常生活更简单有效的商业解决方案的集合。这个集合和它的参与者正在塑造近十年来消费体验的趋势，并希望领跑世界。如果仅仅从定义上来看，按需经济和分享经济是风马牛不相及的。

然而，我们点击几个链接，再往下追究，就会有惊奇的发现。

该网站将按需经济的公司按业务范围分为商业服务、快递、教育、家庭看护、健康和美容、家政服务、P2P产品、停车、宠物看护、预订及票务、交通和旅游等。

这与我们对分享经济的分类非常相似。我们还可以发现，THE ON-DEMAND ECONOMY网站纳入每个分类中的企业大部分都是我们所认为的分享经济中的企业，包括Uber、Airbnb、TaskRabbit、Postmates等。

按需经济的着眼点，更多是对闲物和闲工夫的租借与售卖。例如，丹妮丝·约翰逊(Denise Johnson)和安德鲁·辛普森(Andrew Simpson)在文章《按需经济如何改变工人待遇》(How On-Demand Economy Is Changing Workers' Compensation)中借用罗伯特·哈特威格博士(Dr. Robert Hartwig)的观点，提出按需经济的存在，包括临时司机、劳动力、房屋所有者转变的房东和独立的专业人士，正在改变美国劳动力和保险行业。

Uber创始人特拉维斯·卡兰尼克表示，他更喜欢将分享经济定义为"按需经济"。他认为，Uber使得乘客在有需要的时候可以实时一键叫车。对于司机而言，Uber也是按需经济的体现。司机打开应用就上班，关闭应用就下班。目前，很少有工作让人们可以随时上下班。Uber既可以向消费者提供服务，又可以让合作伙伴灵活地进行工作。

就在Uber全速奔跑，继而引发全行业追捧的同时，一场涉及互联网革新与社会现有经济政策的碰撞也开始越发激烈。一方面是互联网技术使社会资源得到高效利用，另一方面是监管难度的上升导致打车危险系数加大，相信在短时间内，这场争论还不会出现非常明朗的结果。

但这并不妨碍我们继续认识和分析Uber，甚至尝试解读这场激烈争论背后所隐藏的非常值得我们思考的社会经济学。

来自美国的一份调查报告显示，Uber司机中80%的人之前已处于就业状态，其中大部分是全职工作，仅有8%的人在加入Uber之前并没有工作，这仅仅比美国官方公布的失业率高一点点——美国全年的平均失业率为6%。

这份数据经常会被人拿来质疑Uber究竟能否帮助提升就业率，甚至有没有足够的能力解决其提倡的所谓"分享经济"。

但是，质疑这份报告的人通常忽略了一个事实，那就是美国与中国的国情并不相同，虽然还没有明确的数据可以证实类Uber模式的公司（例如滴滴、快的、Uber中国）在中国帮助提升的就业率是多少，但相信这不会是一个小数。

从社会现状来看，美国并没有所谓的"黑车经济"，甚至也没有这个概念。在美国，大多数人从事Uber司机工作，只是为了通过兼职在工作外进行创收。而在中国，Uber模式的价值或许对于就业问题有足够的执行空间。

数据显示，中国目前有大量黑车，仅北京就达8万辆。目前全国每天有6000万辆级的出行需求，出租车大约可以满足3000万次的出行需求，加上全国有35万租赁车牌，其中有一部分营运车牌，每天最多承载400万单的运输量，这样，每天有2600万次的出行需求要靠黑车来满足。

这意味着，如果黑车司机能够通过Uber模式合法化，由于庞大的市场需求和赚钱空间，可以促使现有的黑车司机成为Uber模式的一员，这样不仅仅是解决就业率，同时也让这些黑车处于可监管的范畴。

从运营模式上，可以用"众包模式"来定义Uber——Uber司机不需要给Uber交份子钱，完全可以自己决定今天是否出车。可以这样说，Uber司机是一个"自由主义"的工作团体。

一方面，Uber司机在可以正式载客之前，需要接受Uber的资质审核，同时，在工作过程中，需要符合Uber司机的从业标准。另一方面，Uber没有规定固定的出勤制度和KPI，也就是说，Uber司机在拿到资质之后，什么时间工作、每天工作多长时间完全根据自己的经济收入来定义。当然，在工作最长时限上，考虑疲劳驾驶所带来的安全隐患，Uber可能会限制工作时长。

这与我们通常所见的那些新媒体平台类似，媒体不会具体要求所谓的出稿量甚至不会限制写作的话题内容，但能否发表则要取决于是否符合媒体本身的要求。

这难道不就是大家梦寐以求的自由职业模式？

实际上，近年来"自由职业者"的模式已经开始被更多的人所接受，做过8年《连线》主编、写过《长尾》和《免费》的Chris Anderson曾经提出："未来公司作为一种组织形式的便利作用将会逐渐消失，未来人们更愿意完成那些感兴趣并获得快乐的工作。"他认为，公司的雇佣关系也将会被社区和志愿者所取代，"在未来的社会形态中，人们不在乎他是谁，而是更加注重他能贡献什么，通过利益的引导从而达成一种共识。"

人们对于每天固定在一家公司上班的模式已经逐渐厌倦，尤其是在一二线经济相对发展较快的城市，人们逐渐希望能够自主平衡工作和生活的时间。

过去的自由职业者通常限于能力的最高端和最低端，高能力者一般会得到企业的争相拥戴，完全可以依靠能力得到一个体面的生活。而社会底层的人，通常因为找不到一份固定工作而被迫做多家兼职。对于中产阶级，既没有那些可以让企业垂涎的高能力，又无法回到底层做一些零碎的工作，使得自由职业往往只是一个概念。

　　Uber模式在某种程度上可以解决中产阶级的自由职业理想。目前Uber司机的收入非常可观，如果有更多类似Uber模式的自由工作机会，那么通过各种兼职来保证日常生活水平，自己购买社会养老和医疗保险，这有可能成为更多人的选择。

# 工业模式的终结

按需经济预示着一种泰勒所无法想象的经济合作形式的到来，也预示着工业时代的终结。这位在20世纪初创建了科学管理理论体系的管理大师在《科学管理原理》一书中说过："科学管理如同节省劳动的机器一样，其目的在于提高每一单位劳动的产量。"有人形容，在实行泰勒制的工厂里，找不出一个多余的工人，每个工人都像机器一样一刻不停地工作。另一位大师福特则将工厂的科学管理发挥到了极致，他创造的标准化流水线是典型的大工业生产的组织形式，代表了传统机器大工业生产的最高水平。

他们绝对不会想到有朝一日，工人可能不再属于流水线，也不再属于自己的工厂。

按需经济给工业社会的组织模式画上了句号。代之而起的是：第一，随需随用，一切产品和服务都可按需获取；第二，改变了职业模式，一切工作都可以是临时的。按需经济把职业自由人与为大众提供服务联系起来，大规模地提供个性化服务。

在这个新时代里，我们对待工作、办公室里的同伴和雇主，要进行一种全面的心理革命。

2011年汉诺威工业博览会上德国业界提出了工业4.0设想，随后，德国成立了"工业4.0工作组"，并于2013年4月发布了《保障德国制造业的未来:关于实施工业4.0战略的建议》的报告。这份报告认为下一代工业革命是信息物联网和服务互联网与制造业的融合创新。报告指出，"工业4.0"会将智能技术和网络投入到工业应用中，从而进一步巩固德国在生产制造设备供应和IT业务解决方案供应领域的领先地位。同时，德国联邦教研部与联邦经济技术部于2013年将工业4.0项目纳入了《高技术战略2020》的十大未来项目中。德国机械及制造商等协会还合作设立了"工业4.0平台"。2013年12月，德国电气电子和信息技术协会发表了德国首个工业4.0标准化路线图。

工业4.0作为德国产学研界倡导的愿景，正在改变着全世界的工业发展进程。

2014年4月3日，德国斯图加特，华制国际安排温州正泰电器公司参观访问德国库伯勒集团（Fritz Kübler GmbH）。库伯勒是全球信息传输领域的"隐形冠军"，第二代家族继承者库伯勒先生与正泰副总裁郭嵋俊先生进行了深入的交流，并互赠了礼品。在工厂现场，库伯勒精益生产经理马丁介绍了库伯勒生产系统和他们的改善之路。看板、PDCA、价值流、5S等精益关键词不断从马丁的口中"跳出"，使正泰人深刻体会到了德国企业对精益生产的重视程度，以致不由得感叹："精益，是一门世界性的语言。"

这门世界性语言，被德国列入构成未来智能工厂的四大模块之一，这四大模块分别是：精益、高技术、模块化（标准化）及领导力。这充分说明，在工业4.0时代，精益十分重要——其重要性对中国企业是一样的。

在中国，推进精益已经从个别企业的选择上升为政府部门所倡导的提升企业管理水平的关键手段。

2014年8月，宝钢决定把智慧之道作为2015~2020的战略。宝钢的智慧制造明确的方向有三个——经营层面的工业大数据的使用技术和模型优化分析的应用技术，以及操作层面的机器人使用技术。这一过程当中贯穿着两个思路，一是工业大数据的使用，二是个性化定制。

在宝钢股份总经理助理、运营改善部部长胡玉良看来，大数据虽然很热，在工业领域实际上难以落地。与服务领域使用大数据不同，工业一直在以非常理性的逻辑思考，并且是在这种逻辑上成长起来的。之前的大数据使用仅仅是财务系统或是客户的信息采集。到了2014年，工业大数据的使用有了新的突破口——质量控制。宝钢的质量管理是预设因果关系的，会把控制需求转化为质量的计划。把工业大数据进一步引入到质量当中，是一个有力的补充。它体现在两方面：第一是非结构化数据。过去宝钢做表面质量的控制，一直等到所有的制造工序全部完成，到最后一道质检才发现表面有坑，整块钢板只能报废，因为没有消费者愿意购买钢板表面有坑的汽车。有了大数据，钢板以每秒钟几百米的速度经过轧机，通过快速成像并对图像进行比对，迅速判断表面质量的变化。第二体现在复杂模型的控制上。原来的预设只能控制20或者30个核心工艺，剩下的工艺点无法做到每个数据处理。这样的质量管理只能达到95分，但是一直很难达到100分。大数据有可能在极为复杂的工艺制造当中进行相关性分析，在已有的因果关系基础之上进一步控制生产过程。

智慧制造的第二个思路是个性化定制。规模化是炼钢企业运作的生命线。宝钢是典型的连续制造业，高炉如果休工24小时，炉凉了以后这一代高炉的生命就结束了。正常的一代高炉生命30年，不可能因为满足某些个性化的定制需求就把它的寿命缩短为5年。因此，宝钢选择的路径是把大规模和定制化结合起来，最中央的生产会继续维持规模化的生产，以追求最低成本，同时用个性化定制来实现最高的价值。比如宝钢在业内首家推出了三定尺服务：长宽厚的尺寸可以定制，以满足客户不同尺寸的要求，这样一来，有了个性化的空间。

"德国的工业4.0没有固定模式，也是一个渐进的过程"，胡玉良说，"我们编了个顺口溜说工业4.0，第一是全面感知——嵌入式传感器的大量控制使全过程可以全面感知；第二是可靠互联；第三是智能机器，可能未来会有一种智慧，叫智能机器。"

我们欣喜地看到，一些大中型企业在精益之路上越走越顺畅：长安汽车确立了"品质、精细、锐意进取"的发展原则；中国兵器装备集团调动全体员工参与精益生产和精益管理，着力培育精益文化；中国南车集团采取先试点后铺开的方式，由易到难，用精益管理实现高端制造和研发、高品质低成本的发展目标；中集集团从集团内小范围试点，到全集团推广，再到向外输出，将"精益ONE模式"转变成集团管理升级的主动力；美的集团在内部实施精益后，又带领供应商一起学习和实施精益，积极构建精益供应链体系……尽管已经有一些企业已经或者正在推动精益理念落地生根，但是以中国制造企业的数量之多和规模之巨来看，大部分中国企业的精益之旅尚处在起步阶段。

"红领"商标是中国驰名商标，红领牌系列产品先后获得"中国名牌""山东名牌""国家免检产品"等称号，企业还获得"最具市场竞争力品牌""2004~2005年度中国服装品牌品质大奖""全国守合同重信用企业"等殊荣，连续五年荣登中国服装双百强企业之列，成为第28届奥运会中国奥委会礼仪服装合作伙伴，2005~2008年度中国体育代表团合作伙伴，赢得"奥运形象大使"的美誉。

红领集团借助大数据优势，并通过3D打印机实现了能够满足客户需求的个性化定制产品的生产。也正是大数据技术成就了红领集团的大规模个性化定制，实现了"一分钟内，一人一版，一衣一款"。因此，制造业借助大数据之力，在很大程度上提升了产品质量和工作效率，增强了其市场竞争力，进而获得了巨大的盈利。

诚然，红领集团仅仅是众多借助大数据打造个性化定制产品制造业中的一名代表，国内还有很多案例，小米科技就是其中一个。

小米之所以能够成功，很大程度上也是归功于其对米粉需求的数据挖掘。小米创建于2010年，作为我国自主研发的智能国产手机，仅仅用4年时间，其销售量就已经远远超过了苹果。究其原委，在于小米研发者通过对米粉所提供的意见和建议的不断搜集，以及对他们的个人信息进行整合，并将这些信息收纳在自己的数据库中，久而久之，数据库规模不断壮大，研发者能够获得有价值的数据信息也不断地积累。最终在对这些数据进行分析之后，研发者倾情打造出了能够让这些爱好者满意的小米产品。因此，这些从米粉挖掘出来的数据信息正是推动小米不断前进的动力，也是小米得以成功的基础。

未来企业的发展离不开大数据的巨大推动作用。工业4.0时代，对制造业来说，借助大数据进行个性化定制产品生产，可以最大程度的满足消费者的个性化产品需求，从而使企业在市场竞争中更具优势。

# 引领社会发展的动力

我们已经知道，分享经济发展的原动力至少有两个，第一个跟宏观经济周期相关，第二个跟互联网技术相关。

分享经济并不是横空出世的新鲜事物。从宏观经济角度来看，分享经济是经济下行周期的产物，而美国2008年的金融危机正是促进分享经济觉醒的原动力。

2007年4月，美国第二大次贷供应商新世纪金融公司宣告破产，次贷风暴酝酿。随着华尔街救市失败，2008年全球性的金融危机给全球金融体系带来了前所未有的灾难，各国经济都受到了不同程度的冲击。仅以美国为例，2008年后，美国的就业人数总体减少了76万，失业率大幅度上升，超过了7%，这一数字远高于2003年经济低迷时期的最高水平6.3%。欧盟统计局2008年10月31日公布的数据显示，9月份欧元区的失业率为7.5%，高于2007年同期的7.3%。

人们常说的一句话就是，上帝在为你关上一扇门的同时，也会为你打开一扇窗。金融危机下经济形势的持续低迷，使得就业形势更加严峻，失业人口大量增加，人们收入减少，只能靠出租、贩卖个人闲置物品来维持基本生活，很多公司也开始共用同一座办公楼来节约成本。大众惊喜地发现，分享经济能够减少支出(价格是参与分享经济的核心因素)，还能够利用闲置的资产来获取额外收入，分享经济的概念开始被逐渐接受。

2007~2013年是分享经济开始爆发的阶段。短租领域的代表Airbnb和众筹界的明星Kickstar成立于2008年，分享出行的代表Uber和跑腿网站TaskRabbit于2009年成立，食品共享网站Grubwithus于2010年成立。2010到2013年，每年分享经济初创企业的数量以接近50%的增速发展。

正如我们看到的，当经济危机席卷全球的时候，分享经济在租车、租房等多个领域蔓延开来，以Airbnb和Uber为代表的分享经济巨头快速发展起来。这些现象的产生正反映了美国经济萧条带来的减少成本、缩减开支的需要，人们普遍需要寻找兼职来赚取生活费补贴家用，这一契机推动了分享经济的大发展，因此，金融危机带来的寒冬客观上为分享经济的出现和发展提供了社会条件。

中国分享经济的发展稍慢于全球，直到2011年才开始快速发展，这与中国的经济形势密切相关。近年来，中国经济进入新常态，GDP增速自2010年之后持续下行，2015年GDP增速收于6.9%，创25年新低。经济下行使得人们重新审视消费观念，更多的人选择以分享经济的方式生活。正是在这个阶段，我国大多数分享经济企业开始建立和集中发展。

例如，2011年，途家、蚂蚁短租等在线短租平台起步，全国最大的P2P网站陆金所成立，国内医疗知识分享代表春雨医生成立；2012年现象级企业滴滴成立，P2P租车平台PP租车进入市场；2013年，全国首家众包快递企业人人快递成立，众包家政服务e袋洗成立；2014年，滴滴专车上线，拼车、租车多家企业创建，以回家吃饭、觅食为代表的私厨起步，达人分享模式和办公分享出现，个人服务"您说我办"成立；到了2015年，滴滴顺风车、巴士和代驾上线，网购二手交易App——淘宝闲鱼、58转转、京东拍拍成立，私厨、巴士、教育、物流、医疗等行业继续扩张。

第二个动力，互联网技术连接了每个人。

或许有人会思考，美国历史上经常爆发经济危机，那时为何不见分享经济随之发展？这里不得不提到另外一个因素——移动互联网。正是因为智能手机打开了通向每一个人的道路，这个过程犹如将数不清的玻璃碎屑拼合成一个镜面，由此，才有了分享经济的大爆发。这不得不归功于一个天才推出的划时代的产品。

2007年，美国除了次贷风暴爆发外，还有一个革命性的产品问世——苹果公司推出了智能手机iPhone。2007年1月9日，苹果公司首席执行官史蒂夫·乔布斯为此召开了全球新闻发布会，向世界宣布移动互联网时代的到来，同年6月29日，iPhone上市。

随后不久，谷歌公司大力推广安卓操作系统。2007年11月，开放手机联盟在谷歌的倡导下建立，联合了业内84家硬件制造商、软件开发商和电信运营商共同组建。联盟共同合作，开发改良安卓系统。2008年10月，全球第一部安卓系统智能手机诞生，在随后的时间里，安卓系统也在谷歌的推广下，逐渐从手机延伸到电视、相机、游戏机、平板电脑等其它领域。

移动互联网打开了通向每一个用户的道路。在谷歌和苹果这两大公司的助力下，智能终端也获得了爆发式增长。以谷歌为例，据谷歌官方发布数据，2011年第一季度，安卓在全球的市场份额首次超过塞班系统，跃居全球第一。2013年第四季度，安卓平台手机的全球市场份额已经达到78.1%。2013年9月24日，全世界采用这款系统的设备数量已经达到10亿台。2015年9月，谷歌披露，安卓移动操作系统的用户总数已达14亿。

分享经济在全社会大规模推广，需要有统一的信息技术作为底层基础支撑。例如租车平台，出行人只要通过手机软件发送请求，车主就会在收到提醒后进行交易，在没有智能手机的时代，你根本无法想象这样的场景。

分享经济所需要的技术，还包括大数据和云计算。后两者使得高效处理海量信息实现供需匹配成为可能，使得个体随机分享具备了加入大规模商业化行为的条件。

以滴滴出行为例。滴滴利用大数据分析，提升了交通运能的资源使用效率，向着智能交通生态体系发展。滴滴出租车覆盖全国360座城市，每天订单400万；专车覆盖80座城市，每天订单300万；顺风车覆盖全国338座城市，每天订单182万。消化这么多订单，需要数据匹配非常准确。当订单像大潮一样涌起的时候，我们就需要采用新型的大数据分析工具，通过分析司机行车习惯，精准推送叫车订单，提升订单匹配率，通过动态调价，实现潮汐战略，满足一天的需求变化。

Uber通过大数据技术，将不同客户需要的出行路线进行匹配，解决了供需之间的信息不对称问题。Uber中国大数据专家江天在2015中国国际大数据大会上以"人民优步+"为例，指出该功能理念是基于大数据将不同乘客进行路线匹配，来及时调剂供需平衡。比如，当第一位乘客打开App叫车之后，车一般会在5分钟之内到达，乘客上车之后会根据后台算法匹配行程相近的第二位乘客，使出行变得高效便捷。

此外，不能不提的一项技术是智能支付。如果说移动互联网是分享经济得以发展的技术支撑，那么跨越时空限制的在线支付的大规模商用则是其大规模的发展保障。

一方面，在线支付能够保障供需双方的财产安全，例如预付房费通过第三方支付到平台账户中，当交易完成后再进入房主口袋，类似支付宝在淘宝买卖双方之间发挥的作用，促进交易的安全。另一方面，在线支付的便捷性，也能够为高效分享提供保障，例如滴滴推出的企业付费服务，与企业采取公对公结算形式，用户在使用企业出行服务时无须再自行支付和报销，费用自动在企业的账户当中扣除。在许多交易中，卖方和买方并不会私下见面，有效地使用在线支付平台能够增加对买家和卖家的吸引力。

此外，还少不了精确定位技术、地图导航技术等等。这里不再一一列举。

# 扩大供给

中国钢铁工业协会数据显示，2015年前11个月，全国粗钢累计产量为7.38亿吨，国内粗钢消费量为6.45亿吨，供大于求矛盾突出。产能过剩引发PPI（工业品出厂价格指数）连续40多个月负增长，钢铁、铁矿石、煤炭等产能过剩严重的行业对整个PPI下降的贡献占70%以上。

尽管我国是世界制造业大国，但仍面临着严重的产能过剩困境和有效供给不足的尴尬场景。

不管是节假日大量游客去国外"血拼"，还是当下代购潮、海淘潮的盛行，都说明随着消费结构的不断升级，国内的供给已不能满足人们的需求，供给侧乏力导致供需矛盾出现。

谈到我国当前供给体系存在的问题，中央财经领导小组办公室副主任杨伟民认为，总体而言，我国的供给体系呈现出中低端产品过剩，高端产品供给不足，传统产业产能过剩，同时存在着结构性的有效供给不足的情况。

"我国的供给体系具有外向型的特点，在外需减少的情况下，有些产业出现产能过剩，而且可能无法转向内需。此外，过去国内的供给体系主要面向低收入群体，没有及时跟上国内中等收入群体迅速扩大而带来的消费结构变化，满足多样化、个性化消费的能力相对较差，致使有些消费流向国外。"在杨伟民看来，有些产业的产能已达峰值，即便扩大投资，需求也很难消化现有产能。

杨伟民认为，还有些产业已达到资源环境承载能力峰值，加之企业生产经营成本的过快提高，也削弱了其盈利能力。高成本，已成供给端的致命伤。

在增长阶段转换的大背景下，需求侧的刺激政策主要是防止短期内增速下滑过快，而不可能通过刺激政策使过剩产能不再过剩。对产能过剩行业实行需求刺激政策，所刺激起来的很可能是短期内无经济效益，长远效益也难以确定的低效或无效投资。此外，我国制造业自主创新能力不强，对外技术依赖度高达50%，将严重影响产业向中高端迈进。

正因为当前供给端存在着种种问题，才更需以此为着力点深入改革。供给侧改革将目光锁定在供给与生产端，通过解放生产力、提高全要素生产率打造中国经济的升级版。专家们普遍认为，供给侧改革短期是为应对经济下行压力，长期来看则是为解决供需矛盾，以结构性改革助推中国经济提质增效，建立"供需相匹配"的新经济结构。

扩大供给有两条路，第一条是提高闲置资源利用率，第二条是产生新的供给来源。

第一，提高资源的利用率。

从大家最心爱的私家车说起。没有打车软件之前，私家车大部分时间处于闲置状态。交管部门有数据统计，在中国，一辆私家车的平均使用公里数大约为20万公里，而一辆出租车的平均使用公里数超过60万公里。原因是私家车闲置时间比出租车要长得多。

比如你有一辆车，加盟滴滴出行前后，使用率有什么变化呢？

没有进入滴滴前，每天跑1小时，进入滴滴后，每天多跑了0.13小时，显然，利用率提升了13%。

每天跑1小时，这个数字来源于2015年12月1日的《学习时报》的一篇文章，我国一辆小轿车每天平均闲置时间是23小时，即每天跑1小时。

加入滴滴每天跑1.13小时，来源于推算，《中国智能出行2015大数据报告》显示，滴滴2015年累计完成订单14.3亿单，行驶时间4.9亿小时，滴滴平台的汽车总量估计超过0.1亿辆，4.9÷0.1÷365=0.13，平均每辆车在加入滴滴后每日多跑了0.13小时。

据中国IT研究中心(CNIT-Research)正式发布的《2014~2015年中国移动出行应用市场研究报告》显示，现在中国有13亿人口，一天约有4.5亿人有出行需求，其中3 000万~5 000万人是用出租车和专车。以此来看，人车比=13亿/3 000万≈40∶1

以北京为例，作为一个常住人口已经超过2 000万的大城市，按照40∶1的人车比来算，至少要50万辆出租车。而2015年北京市的出租车数量仍维持着2003年以来的数量，仅为6.6万辆，远远无法满足人们日常的出行需求。

除了私家车之外，我们也能将闲置的客车、货车用于同城物流等领域，例如G7货运人、物流QQ货车帮、云鸟配送、货拉拉、1号货的、蓝犀牛等同城货运平台，都提高了机动车的利用率，补充了社会货运车辆的运力，大大提高了资源的利用率。

在其它领域，原理也是如此。

第二，产生新的供给来源。

过去，社会供给的提供者主要是以企业为主，现在，供给面扩大到了个人。私家车，仅仅是冰山的一角。

随着个人和企业把闲置资源拿出来分享之后，即使工厂没有生产新的汽车、衣服等商品，开发商没有建造新的楼房，社会总供给也得以增加。

以旅游住宿为例，过去旅游，游客只能住酒店、宾馆，在旺季的时候，常常会遇到酒店客房爆满无法入住的情形。而现在，通过在线短租，可以选择入住民居，民居一下子扩大了旅游住宿供给总量，而且，在某种意义上，这种供给几乎是无限的。根据途家网CEO罗军介绍，自2011年12月1日途家网平台正式上线运营以来，目前已覆盖中国大陆288个目的地和海外及港台地区353个目的地，在线房源超过40万套，包含公寓、别墅、民宿等各种房源。目前，途家已与国内172个政府机构签约，并与大量国内房地产开发企业达成战略合作，签约管理资产超过1 000亿元人民币，签约储备房源超60万套，正在洽谈的房源项目超过1万个，未来途家网的房子可达到100万套。面对这些数字，不由得让人兴奋，这难道不是一种新供给力量的崛起吗？

在房屋短租领域，除了途家以外，还有蚂蚁短租和木鸟短租等创业公司，它们也分别开发了近30万套精品房源，覆盖全国300多个城市。

提到供给侧，人们可能会联想到西方经济学界的供给学派。供给学派认为，在供给和需求的关系上，供给居于首要的、决定的地位，而减税和减少政府对经济生产的干预是供给学派观点应用于实践的典型做法。

对于我国提出的供给侧改革来说，减税和减少政府对经济的干预固然是题中应有之意，但我国的供给侧改革更强调"结构性"。

目前，"供需错位"是阻碍中国经济持续增长的一大路障。中国老百姓拥有旺盛的购买力，但是国内企业的产品和服务却不能满足其需求，致使购买力流向海外，中国人海外"爆买"成了一种国际瞩目的经济现象。国内在高端制造业、服务业供给不足的同时，还存在传统工业产能的严重过剩，钢铁、煤炭价格都已经跌成"白菜价"。这种"供需错位"正是供给侧结构性改革需要解决的问题。

供给侧改革主要是从供给的结构和质量上进行调整，减少无效供给，增加有效供给。对于过剩的、技术含量低的、重复建设的项目，要去产能，同时要鼓励创业创新和转型升级，增加创新型的产品和服务。

供给侧改革是结构调整的改革，不是盲目的增加供给或是减少供给，而是调整结构，提高投资效率，提高供给质量。在消减无效供给的同时，发展一些新兴产业、现代制造业、高档消费业、现代农业等。

从经济学角度将，需求侧管理更多解决的是短期问题，而供给侧改革则重在解决长期问题，从根本上激发经济增长的活力。有学者认为，高层提出供给侧发力，是一种经济工作思路的转变。

那么强调供给侧改革，是否意味着要放弃需求侧管理呢？答案是否定的。中央经济工作会议在提出着力加强供给侧结构性改革的同时，也给出了一个"适度扩大总需求"的前提。

究其根源，我国目前仍处于"三期叠加"，即增长速度换挡期、结构调整阵痛期以及前期刺激政策消化期同时出现，经济下行压力仍比较大，在一定时期内，稳增长仍处于重要位置。而供给侧改革作为一项中长期调控，短期内恐难显现效果，这就决定了在以供给侧改革为工作重点的同时，适度的需求侧管理仍然是不可或缺的。

需求侧和供给侧是一个硬币的两面，没有需求侧也谈不上供给侧，两侧都很重要。以前强调需求侧时过多的强调政府、央行对经济的外部刺激，通过这种外部刺激直接扩大总需求，大多是以大额投资、上大项目的形式拉动增长，这就容易形成重复投资等问题，同时容易对民间资本造成挤出效果。并不是就不要需求侧了，但需求侧管理的结构要调，例如采取消费金融，消费信贷等方式，这也是优化需求侧。

未来需求侧管理也是需要的，应根据经济运行的实际状况，适时进行一些需求侧的调控，例如降息降准等，需求侧和供给侧两方面需要配合，但是更强调的是供给侧。

所以说，供给侧改革和需求侧管理应该相互配合，但以供给侧改革为主，需求侧管理为辅。应该给需求侧管理设定一个"边界"。毕竟供给侧和需求侧二者之间不冲突，但过度的强调需求侧管理的话，可能会耽误供给侧改革的时机，容易走回老路。未来需求侧管理仍然会有，但目标是稳增长，让经济不至于下行的太厉害，而不是靠需求侧管理来重新使经济回到高速增长的状态。供给侧改革更重要一些，需求侧管理起到配合的作用。

# 扩大需求

从需求来看，分享经济能够提高消费者的实际购买力和消费者福利，从而拉动消费增长，在经济下行的形势下形成新的经济增长点。

2015年"双十一"，天猫进口商品吸引3000万中国消费者购买，早前的预售阶段，天猫国际13个国家馆的进口食品被早早抢空，10个海外商家和品牌预售额突破千万元。近年来，国人的海外购买力屡屡震惊世界，也反映出我国长期存在的供需结构性失衡问题。

长期以来，我国经济的高速增长主要由需求拉动，此前的宏观调控手段也多集中于需求端，即以大家熟知的投资、消费、出口"三驾马车"拉动经济增长。不管是降息、降准还是城市轨道交通等重大工程投资，都属于需求端调整路径。

如今，中国经济由高速增长转向中高速增长，经济新常态对经济发展的结构、动力和机制提出新要求。2014年前10个月，我国固定资产投资增速为15.9%；而2015年前10个月，这一指标降至10.2%，固定资产投资增速呈现持续下滑的态势。出口方面，海关总署公布的统计数据显示，2015年11月份，我国进出口总值2.16万亿元，下降4.5%，其中出口下降3.7%，连续第5个月负增长。在拉动需求的"三驾马车"中，唯有消费保持稳定增长，2015年前10个月，社会消费品零售总额增长10.6%；前三季度，最终消费需求对经济增长的贡献率为58.4%，比去年同期提高了9.3%。

可见，消费对我国经济增长的拉动作用越发突出。近几年的"双十一""双十二"全民购物狂欢节，也显现出民众强大的消费需求和强烈的消费意愿。要将潜在的消费意愿转化为实实在在的消费支出，显然离不开供给支撑。而且，在当前世界经济走势低迷的背景下，侧重以需求端调整促进经济增长的政策运作空间已日趋缩小，收效有限。

与需求侧投资、消费、出口"三驾马车"对应，供给侧指劳动力、土地与自然资源、资本、制度和创新等生产要素供给和有效利用。

过去经济的高速增长主要由需求拉动，市场重点解决的是"有没有"的问题；而现在，市场要重点解决的是"好不好"的问题。谁生产出的东西好，谁就能占领市场，激发出有效的需求。在经济发展的新常态下，要实现供给和需求的对接和平衡。

"经济保持中高速增长，产业迈向中高端水平"是十八届五中全会提出的中国经济新趋向。需求政策效果的日渐乏力，迫使我国提出供给侧结构性改革，更加注重供给提升。

在华夏新供给经济学研究院院长贾康看来，消费在国民经济所占比重越来越大，对供给侧的要求越来越高。倒逼之下，供给侧改革的效果直接关系到中国经济转型能否平稳落地。"我国需要适当扩张需求，但更需要理性的供给管理，通过创新来优化产业结构、调动消费需求。"贾康说。

一般来说，实际购买力的提升有两个原因：(1)成本降低；(2)收入提升。而分享经济恰恰就能从这两个方面同时提升消费者的实际购买力。

一，成本降低

成本的降低来自两个方面。第一，直接成本的降低。分享经济是基于互联网的平台经济，在这个平台上，供需直接匹配，减少了信息不对称，同时能够免除复杂的手续和昂贵的中介费用，降低交易成本，相对地提升了消费者的实际购买力。第二，选择成本的降低。比如选择租住民居的成本，显然要比五星级酒店低廉许多。按目前国内经济型酒店的定价，一个标准间每天需要150~300元，一个普通套房每天需要400~700元，而一个总统套房每天需要1 500~3 000元。而在短租平台，用每天不到100元的价格，就能整租一个房间，而整租多个房间也不过需要100~800元，如果整租别墅(200平方米以上)，每天只要800~3 000元。

波士顿大学乔治斯·泽尔瓦斯教授带领的研究团队还发现，面对Airbnb的竞争，传统酒店通常采用降价的策略，这在中低端酒店尤为常见。Airbnb的用户对价格较敏感，相对于传统酒店来，价格折扣策略是有效挽回用户的好办法。这样一来，所有的旅行者(不光是Airbnb用户)都因Airbnb价格折扣策略受益，因为住宿成本更低了。

可能有人会怀疑，一些分享经济的领域，比如私厨，提供的一顿饭的人均价格要高于某些常见的餐厅。我们要如何断定分享经济确实能够减少中介费用、降低成本的呢？

这是一个需要考虑不同参考系的辩证问题，但毋庸置疑的是，目前共享厨房模式的几个平台，例如觅食、我有饭、回家吃饭等，免去了传统餐厅房租、服务员的工资等费用。与同等的菜品、就餐环境相比，私厨模式的价格优势或许不那么明显，但质量上却比一般饭馆更有保障，当然更不用说它可以带来的社交体验这样无法用金钱衡量的福利了。

二，收入增加

分享经济面向普通人提供通过身边资源参与经济活动的渠道，进而产生了新的财富流通渠道，消费者自身可以作为分享经济中的分享者获取常规工作收入以外的额外收益，增加整体收入，这在一定程度上(不考虑通货膨胀的情况)又使得消费者的实际购买力得到绝对的提升。

《福布斯》杂志就曾估计，2013年通过分享经济直接流入分享者的收入，让提供分享的人加起来挣了35亿美元，每年增幅超过25%。

白宫经济顾问吉恩·斯珀林(Gene Sperling)在对Airbnb的研究中发现，这个平台的大部分房屋出租者是工薪阶层，他们将自家的主卧空出来租给旅行者，频率大概在每年66天。这项业务每年为中产阶级家庭带来约7 350美元的额外收入，可将中产阶级家庭的年收入提高14%。而据Airbnb统计，旧金山的房主平均每年出租58天，可获利9300美元。

根据The People Who Share网站发布的报告《国家分享经济报告(2013)》(State of the Sharing Economy Report 2013)显示，英国分享经济参与者平均每年赚取416.16英镑的额外收入，部分较高的达到5 000英镑；美国分享经济参与者2013年共赚取额外收入达到35亿美元，同比增长25%。

著名的汽车租赁平台RelayRides也曾做过调查，每一个通过该平台出租汽车的私家车主，平均每个月能挣到250美元，有些车主挣的钱甚至足以抵消当初购车的费用。

据英国商务部发布的一份名为《开启分享经济》(Unlocking the Sharing Economy)的独立报告，在英国有超过2万名业主通过JustPark出租他们的车位，平均每年能够获取额外收入465英镑(在伦敦为810英镑)；人们通过easyCar Club出租自己的汽车每年能够赚1 800英镑。

在国内，虽然没有官方数据显示分享经济使得居民收入提高，但我们可以从几个领域的代表性平台加以观察。

据滴滴出行的调研数据统计，96.5%的司机在从事专车服务后，每月收入都有了不同程度的提升，其中78.1%的司机收入提高了10%以上，39.5%的司机有30%以上的收入提高。2015年12月30日，滴滴专车司机杨峰(化名)说：“这几个月我一共接了2 000多单，加上滴滴的补贴，效益还可以。”杨峰还表示，他只是兼职出来开滴滴专车，平常经营着一家餐馆。“原本我开的是一辆起亚K2，这辆帕萨特是我新换的，首付款就是我这几个月当专车司机赚的钱。”

在果壳网推出的“在行”平台上，有需求的用户花费每小时200~500元的聊天费用，可就互联网、理财投资、教育等方面存在的疑惑进行咨询。我们假设一个“行家”平均每月提供10小时的咨询服务，那么一个月即可获得额外收入2 000~5 000元。根据对“在行”网站上行家人数的统计，目前该平台上约有8 000位行家，其中56%住在北京。截至2016年2月29日，成功约见最多的是诸葛思远，她已经以

499元/次等价格共进行了645次一对一线下面谈，收入已超过30万元。

再来看以回家吃饭、好厨师、小e管饭、妈妈的菜、蹭饭等为代表的"私厨"平台，目前好厨师平台上共有500多名厨师，而回家吃饭运营总监周统表示"目前在北京已经有上百个小区的1 000多人通过自家厨房做饭当兼职"。参照好厨师平台当前统一的定价，在自采食材的前提下，六菜一汤为99元，四菜一汤为79元，我们假设兼职厨师每天做4~6道，每月的额外收入就能够达到2 000元左右。据《法治周末》报道，赋闲在家带孩子的张丽(化名)，也在网上找到了能让自己忙活起来的事儿。她表示，原本她每天都要做一家人的饭菜，现在只要每餐多做一些饭菜，就能送外卖了，如同做份兼职的工作一样，多少能带来点收入。

三，新的消费增长点

我国当前积极倡导培育新的消费增长点，靠出口、消费和投资三驾马车来拉动经济增长。在目前经济下行压力不断增大的情况下，拉动内需成为应对经济下行压力的核心手段。

分享经济的出现为中国实现经济结构调整、转变经济增长动力提供了新的可能性。与传统产业运行环境所不同的是，分享经济无须额外的新投入来刺激经济增长。它所做的是现有社会资源的合理再分配，通过最优化配置供给方(产品、服务)和需求方，从而提高全社会的运行效率。

美国行动论坛在研究报告《独立承包商与新兴零工经济》中得出了一个重要结论：虽然分享经济还处于早期阶段，但它将成为21世纪美国经济的重要增长点。

同理，分享经济也会为中国经济的重要增长点。

以短租为例。根据艾瑞咨询《2016年中国在线度假租赁市场研究报告》和易观智库《2016中国在线度假租赁市场C2C模式盘点报告》显示，2015年，中国在线度假租赁市场交易额约为42.6亿元，同比增长122.0%。艾瑞咨询认为，2016年下半年至2017年，因出境游的带动，出境度假住宿市场将实现高速增长。2017年，预计整个中国在线度假租赁市场的交易规模将达到103亿元。

根据2016年1月蚂蚁短租联手搜狗大数据发布的《2015国内出游及短租趋势发展报告》显示，2015年，国内旅游突破40亿人次，中国国民出游率人均超过3次。而蚂蚁短租平台数据则显示，平台用户出游者比例高达80%，用户选择短租，主要为解决旅行中的住宿需求。

报告还显示，艾瑞咨询、速途研究院、易观智库等机构关于"2015年国内短租的市场规模环比增长163.0%，预计超过100亿元"的预测显然有些保守。

随着短租市场规模的不断扩大，短租必将成为中国一个新的消费增长点。

在出行领域，租车市场的规模正在不断壮大。罗兰贝格战略咨询公司的报告指出，2013年，中国汽车租赁市场规模为340亿元，并将在2018年增至650亿元。

在二手物品交易平台，闲鱼的资本市场估值已超过30亿美元。根据闲鱼官方数据显示，此平台上每天有超过20万件闲置物品实现了成功交易。在闲鱼平台上，主要进行交易的有数码产品、运动器械和衣服鞋子等价值并不小的二手商品。我们假设每件商品均价为100元，那么每天成交额为2 000万，每月成交额为6亿，年成交额达72亿。

同为闲置物品交易平台的"转转"也打出了"每日解救价值560万

元的闲置宝贝"的标语，年成交额可达20亿。

普通的商场，例如北京西单大悦城购物中心，2015年上半年销售额约为人民币20.49亿元。两相比较，可见二手物品交易已经达到了不容小觑的市场规模。

也许有人会疑惑，传统经济下与这些需求相对应的新产品的消费交易额更大，为什么分享经济更有潜力拉动经济增长？

我们认为，原本有很大一部分的消费需求因为价格过高被极大地抑制，以短租房屋为例，并不是所有人都住得起酒店，但短租房屋却满足了更多人的需求。人们可以通过较低的价格占有或是使用所需的产品和服务，当这些被抑制的需求得到释放的时候，消费总量也会随之增加。

# 增加就业机会

化解产能过剩是2016年供给侧结构性改革的五大任务之首，这其中涉及"僵尸企业"合理有序地退出市场。由于国企重组、僵尸企业退出市场等因素，势必会对我国就业形势产生很大压力。

分享经济的发展能够提供多样化的就业渠道和机会，缓解社会就业压力。注意，这里提的是，就业机会，而非就业岗位。就业机会是临时性的，双方可以不签协议，体现为一种"职业身份";而就业岗位是相对固定的，有老板和雇员的角色分别，一般需要签署雇用协议。

美国人对此最有感触，他们表现出了一种更为激进的乐观态度。美国知名风投基金经理詹姆斯·阿尔托奇是个有趣的例子，他有很多"职业身份"，除了写书、写文章，还是一个创业者，创办以及联合创办了20多家公司，同时还是一名活跃在Podcast上的播客玩家。

詹姆斯的文章《2016年，你需要辞职的10个理由》中给上班族们敲了一记醒钟：拿着固定工资的白领，是时候摆脱掉朝九晚五，转而在互联网上实现职业自由人的蜕变了。文章提到，"过剩能力"经济只会发展得越来越庞大，这其中有很多平台可供选择，不仅仅是Aibnb和Uber，还有阿里巴巴、eBay、Etsy、Infusionsoft等一系列公司。所以，为了提前在未来赢得先机，那么你现在就应该环顾四周，检视自身，看有哪些富裕的东西可以拿出来当作商品放到市场上去交易。之所以说检视自身，是因为你智力上的"富裕"也是一种资源，千万不要小看你的脑力。我们生活在"想法经济"时代，随时可以让自己成为一个创意工作者。

根据联合国的预测数据，至2050年发展中国家和发达国家的城市化率将分别达到64.1%和85.9%，人口增长以及城市人口比重的增加造成人口的高密度集中，为共享资源和服务提供了更多交易撮合和达成的机会；日益扩大的收入差距以及全球危机造成的高失业率促使人们为同时从事多份工作来拓展收入来源，而且千禧一代对于就业的认识早已不同于他们的上一辈对就业定位于"稳定"的观念了。

从分享经济参与者的成分构成来看，年轻化、受高水平教育是共享型经济参与群体的主力军的写照。根据彭博2015年6月所撰的一篇关于分享经济的简评中所引用的数据，从分享经济参与者的年龄阶段来看，18~24岁的人群约占劳动力总量的37%，25~34岁的人群占到30%，即绝大部分参与者都在45岁以下；而对比美国劳动力占劳动力总量的分布，45~54岁的劳动人数是最多的，主要劳动年龄阶段集中在35~64岁之间，可见共享型经济促使劳动参与者的年龄组成更为年轻化，扩大了劳动就业的年龄范围。

从受教育程度来看，美国总人口中高中和本科毕业人数为主要组成部分，但在分享经济的参与者中，受过更高教育经历的大专生以及本科生则是参与的主力军，参与者的受教育整体水平较美国社会的平均受教育水平有很大提高，这种参与者整体受教育程度的提高正是伴随着美国社会化与城市化进程背景逐渐推进的。

例如对于规模逐渐壮大的自由撰稿人市场，根据KPCB的统计数据，以自由撰稿人为工作的在美国约有5300万人口，占到美国劳动力总量的34%。这其中完全独立的自由撰稿人占到了40%，能够利用空余时间的夜间工作者占27%，可见不少比例的人在工作的"稳定性"上已经产生了不同于上一辈的新的认识；并且通过将传统工作年均收入的中位水平与网络平台工作年均收入进行对比，虽然收入相差7倍之多，但所花费的时间和精力远不止7倍的差距，绝对收入概念在新的一辈人中逐渐被相对收入替代，以租车行业Uber为例，美国Uber司机平均小时收入19.4美元，超过的士司机每小时收入近50%，且上班时间可支配性更高，这也是网络平台工作的高效性得以认同的很大因素。

20世纪90年代，国有企业的改革使数千万国企职工下岗；2008年，国际金融危机的冲击力也使得城市就业机会面临寒冬，掀起了超过1 200万的农民工"返乡潮"；近年来，部分钢铁、煤炭等行业面临过剩的问题，存在一些减员现象；科技的飞速进步推动了机器人的发展，部分机械性工作被机器人代替。由于国企重组等因素影响，我国要准备迎接第二轮下岗潮。对此，央企中国国际技术智力合作公司发布的2015年第三季度聘用指数为－0.79%，同比大幅萎缩。

对社会而言，自雇型经济的意义在于，可以缓解就业压力，激活传统行业创新活力。能够自我雇用也是对就业市场的一个贡献，如果大批人都愿意这样做，那会大大缓解中国的就业压力。

众所周知，经济增长是决定就业的风向标。近年来，我国经济面临三期叠加的严峻考验，GDP增长逐步由高速增长向中高速增长回落，而全国潜在就业人数则有增无减，增速的放缓对于就业增长带来了一定压力。

自雇型经济为创新创业从另一个角度做了有力的诠释。人们发现，传统行业供需不平衡的现象竟然消失了，无论是脑力劳动者还是体力劳动者，在网络分享平台上，动动手指，就能将闲置资源，在全社会分享，并获得合理的收入。

据北京大学新媒体研究院专项调研显示，滴滴出行通过出租车叫车服务，已直接或间接创造超过20.06万就业岗位。

通过网络分享平台，自雇型劳动者实现了隐性就业，对显性的传统雇佣关系形成了有效补充。在经济下行压力下，自雇型经济无疑为就业稳定打了一剂强心剂。但是，要充分地缓解这一矛盾，还需要注意两点：

第一点：行业创新

从行业竞争角度来看，"互联网+自雇"有助于焕发传统行业的活力。

传统行业面临一个困境，日益僵化的市场系统难以满足日益增长的市场需求。比如城市交通出行，按照既有的供给规模和行政管理模式，远远不能满足庞大的消费需求，甚至于衍生出一些灰色地带——规模庞大的黑车市场。

自雇型经济有助于推动这种矛盾的解决。分享平台企业通过使自雇型劳动者和消费者直接对接，打破既有行业和企业禁锢，充分协调潜在的社会闲置生产力，以近似于一种完全竞争的市场模式，最大限度地激发市场创新活力，在为消费者带来更加多元化、便利化和经济性福利的同时，也极大地推动了传统行业的变革和升级，涌现出出租车行业改革、传统汽车厂商以租代买等新的气象。

Uber号称全球最大出租车公司,但是没有一辆车。酒店巨头希尔顿成立近百年的历史,全球只有71.5万间房间,而Airbnb于2008年成立,短短8年时间,注册分享的房间数已经达到100万间。

这种创新优势体现在:一方面,分享平台企业以轻资产运营,协调供方不受成本限制,来源广更易满足用户的多元化需求,从而快速获得规模化发展;另一方面,尤为重要的是,平台企业只需为自雇型劳动者实际提供的服务买单,而无须为其承担其它额外的保险和福利支出,显然比同业务领域的重资产企业获得更好的投入产出,因而这种模式在资本市场获得高度认可。据统计显示,在全球10亿美元规模的创业公司中,Uber和Airbnb均位居前三。

第二点:虚拟企业

从自雇型经济的角度来看,传统的"全员雇佣,场地办公"模式已经过时,取而代之的是企业组织更加弹性化:企业可以突破地域、行业或专业等因素限制,更加自由灵活地获取所需专业人才,向着虚拟企业的运作模式转变。

在这样的条件下,企业的人力资源将变得更加丰富。如果借助于外包和众包等模式,企业能够更加高效地匹配市场高峰和低谷的供需,构建更合理的企业劳动力结构。例如Wonolo,面向零售商,提供临时搬货工的按需服务,帮助零售商灵活配置与调遣搬运人力。类似的还有Zaaly平台,面向企业提供临时人力服务。

为企业服务的不再局限于单一的受雇员工,还可以有很多顾问型的"外脑"。吸纳更多外脑智慧,能够帮助企业获取更多优质资源,尤其在文化创意服务领域更为明显,例如各类威客平台就为企业和个人提供专业服务交易。

# 第六章
# 分享经济时代的供给侧

何为供给侧改革？此前，我国带动经济增长的"三驾马车"为投资、消费、出口，俗称"需求侧"，与此对应的便是"供给侧"。供给侧改革的最终目标是释放市场的活力，而越是原来管理僵化、垄断程度较高的行业，越是供给侧改革的重点，这样释放出来的活力或是产能优化的力量会更充分。未来供给侧改革除了产业政策以往，可能和现有的国企改革联系起来，在真正意义上释放出企业、产业的活力。

# 分享经济为供给侧改革提供力量

供给侧不是什么新名词。从经济学基本理论角度看，供给与需求是经济学中一对最基本范畴，其他许多概念与定律均由此而派生，比如供求关系决定商品价格规律等等。供给与需求关系又是一对经济运行中的矛盾统一体，由供大于求或供小于求的不平衡矛盾达到供求基本平衡是任何国家宏观调控追逐的共同目标。国家宏观调控措施主要从供给侧面发力，还是主要从需求侧面发力取决于当时国家经济运行中供求关系的平衡状况。

供给与需求是社会再生产循环过程中的两个基本环节：首先，供给与需求的关系是社会再生产循环过程中的生产与消费两个环节。二者关系是生产(供给)决定消费(需求)，消费(需求)促进生产(供给)。比如房地产市场，当市场只有商品房一种商品供给时，人们就只能充当"房奴"这一角色；当低收入群体增加特别是加快推进城镇化时，民生房的需求会倒逼政府扩大民生房的供给。其次，供给与需求的关系会在调整中保持动态平衡，供大于求即生产过剩，供小于求则生产短缺，无论生产过剩还是生产短缺都会导致社会再生产过程的不平衡，严重时甚至会使再生产过程中断。比如，目前某些企业的产能过剩就是供求关系的严重失衡，局部失衡严重时会引发系统失衡。最后，国家宏观经济发展战略与调控就是要寻求供给(生产)与需求(消费)的动态平衡。所以，无论强调供给侧还是强调需求侧都是一个国家在不同经济发展阶段(周期)推进经济可继续发展战略上的一种动态平衡选择。

近几年中国经济增长持续下行，稳增长将是"十三五"规划期间的基本任务之一。在人口红利消退、传统增长模式难以为继的情况下，新的增长动力是什么？自上而下看，深化结构改革，以制度变革红利替代人口红利是一个方面。

自下而上来讲，激发微观主体的活力，推进创新创业，有助于提高经济运行的效率、培育新的经济增长点。2015年3月，李克强总理在政府工作报告中首次提出"互联网+"行动计划，力图通过推动移动互联网、云计算、大数据、物联网等与现代制造业结合，创造新的经济增长点。

发改委于2015年7月初印发的推进"互联网+"行动意见中，也强调要形成更广泛的以互联网为基础设施和创新要素的经济社会发展新形态，发展分享经济。

不过，社会对分享经济这种新的经济模式还褒贬不一。一方面，分享经济给消费者和直接从业者带来了实惠（除了收入，还有更多的从业自由），有人认为它的发展空间很大。

比如，《零成本社会》作者里夫金指出，分享经济是一个方兴未艾的新体系，并预测分享经济将颠覆世界许多大公司的运行模式。另一方面，分享经济挑战了传统商业模式以及现有制度安排，可能损害了既有从业者利益，并引起了一些社会问题。

例如，2015年6月法国多个城市爆发了针对Uber的抗议游行，导致大面积交通瘫痪，数十车辆受损，多名人员受伤，而我国也出现了出租车司机围堵专车司机的现象。

那么，到底如何理解分享经济？它会怎样影响传统的商业模式？有什么样的正面和负面作用？它的广泛发展又将如何改变经济格局？本文聚焦分享经济，阐释为什么分享经济现在是星星之火，未来几年可能是改变经济格局的一个重要力量。

分享经济快速提升总供给能力。分享经济通过三种途径提高总供给能力：提高现有资源存量的使用率；提升未来新增产能利用率；提升自然资源的使用效率。我们知道，很多设备、住房等本身就存在自然折旧，增加使用强度（例如房子增加一定的实用频率，私家车拼车），并不能大幅度增加这类资本的折旧速度。

因此，共享存量资源的边际成本可能接近零（即使不为零，其边际成本也极其低），所以在相对低的补偿情况下，总供给会快速地提高，即总供给曲线变得更加平坦。一辆私家车的平均使用公里数大约为20万公里，而一辆出租车的平均使用公里数超过60万公里，就使用效率而言，私家车明显过低。

对于新增产能而言，意味着较少的资本投入就能产生更多的商品和服务（主要是服务），例如，由于分享经济的存在，未来新建住房的实用效率可能更高（因为居民自有住房可以提供相应的服务）。

分享经济提高自然资源的使用效率，有利于经济的可持续发展，由此对大宗商品价格可能产生影响。目前看，分享经济是一个新增的抑制大宗商品需求的长期因素，具有抑制大宗商品价格上升的作用。

由于资本利用率上升，投资需求可能下降。分享经济提高了存量资本的使用效率，意味着提供一定量有效供给所需的新增投资减少，投资需求将下降。例如，估值已达255亿美元的Airbnb致力于将全球的闲置房屋都变成酒店，供旅行者使用。

2015年初，Airbnb已拥有超过100万间房间，因其采用的是盘活存量住房，而非买地盖楼等重资本投入，降低了酒店业的新增投资需求。从增量资本方面来看，由于利用效率提高，同等产出增量需要的投资也会减少。

消费者实际购买力提升，消费需求增加，尤其是服务消费。由于共享存量资源的边际成本低甚至接近于零，分享经济提供的商品和服务的价格也较低。在相同名义收入水平下，商品和服务价格的下降将提高实际收入，带动总购买能力的上升，从而增加需求。

Airbnb使用的是闲置房屋，空置成本很低，营收预期不高，因此其价格对于传统酒店有杀伤力。而Uber以及国内的滴滴、快的等打车软件因为盘活了存量的私家车，降低了打车出行的成本，因此更多消费者选择进行打车消费，挤出部分自助购车需求。

从这个意义上讲，分享经济对一些耐用消费品的需求的影响类似于对资本品的投资，也就是说，分享经济提升了消费需求，但这主要是通过提高现有的资本品（耐用消费品）的利用率来满足的。

2015年3月以来社会零售总额中汽车购买持续低个位数增长，是拖累整体零售的主要因素之一。这是否反映了滴滴、快的等打车的影响呢？值得观察。

分享经济带来物价总水平下行压力。通过提高闲置资源的利用率，分享经济的最直接和主要影响是增加了总供给。在需求端，如上所述，消费需求尤其是服务消费需求上升，但投资需求包括对一些耐用消费品的购买下降。

总体来讲，需求的扩张无法跟上供给扩张的步伐，总需求相对总供给不足，对物价总水平带来下行压力。结构上看，物价下行压力主要体现在投资品和一些耐用消费品上，一个引申的含义是，分享经济的扩张可能是抑制大宗商品价格的一个新增因素。

分享经济降低均衡利率水平。如前所述，分享经济盘活存量资本并提高新增资本的利用率，降低了投资需求。另一方面，分享经济提高了消费需求，降低了储蓄需求。那么对利率是什么含义呢？基于总需求相对于总供给不足的判断，整个经济应该呈现储蓄相对于投资需求过剩的压力，带动均衡利率水平下降。

这是以下几个因素决定的：其一，中国进行"供给侧改革"的经济形势与里根时期不同。里根推行供给学派主张时，美国经济增长率为负，通胀率为两位数。而今天的中国经济仍保持着主要经济体中相对的高增长势头，通胀风险尚未出现。其二，国际背景不同。里根对供给学派的应用，有冷战这一重要考量。而今天的国际背景没有冷战因素，各经济体之间的融合程度达到空前水平。其三，发挥空间不同。经济形势的差异，决定了中国实施"供给侧改革"具有更大的空间，积极的财政政策和稳健偏灵活的货币政策使用的空间更大。这意味着中国实施"供给侧改革"，交叉运用各种政策工具的空间更大。其四，着力点不同。里根时期的"供给侧改革"，一个主要着力点是"减"，减少福利开支就是其重要组成部分。而中国的"供给侧改革"主要着力点在于"改"，比如在福利开支方面，从目前的政策运用看，不仅不可能减，相反会继续增加社会福利的投入。

最关键的是，中国具有与美国不同的经济管理传统，面对的是不同的经济现实情境。什么是中国的经济现实情境？一方面，供给侧不足的弊端已经凸现。在投资面临边际效益递减、出口面临外部环境不稳定考验的情况下，刺激消费内需成为拉动经济增长"三驾马车"中最重要的一驾马车。然而，网络消费和出境消费的迅猛增长表明，消费内需已得到足够的刺激，关键在于没有转化为拉动经济增长的内需，许多消费力转为外需。不强化供给侧管理和改革，就无法聚集经济增长的动能。另一方面，现实中还存在供给侧不足的许多因素，制约了经济增长。比如，许多低效或无效产业、企业占据了过多的生产资源，只能"赔本赚吆喝"；旧的调控手段限制了正常的消费内需；滞后的制度因素抑制了企业活力，等等。

这决定了，尽管在减税、减少政府干预、防止货币发放无序增长等方面，中国的"供给侧改革"很可能与美国的供给学派理论和实践有相似之处，但不会是供给学派理论的照搬照抄。中国的"供给侧改革"，只能、也一定是针对中国经济现状的改革。

谈到改革，不得不说分享经济与供给侧改革的关系，首先要弄清一个误区，即：供给侧相对的是需求侧，二者的目的是一致的，分享经济与供给侧改革从来都不是对立的。分享经济是市场与政府两只手之外崛起的第三只手，我们最需要分享的是知识，然后是从经之道。

互联网+分享经济带来经济发展新机遇。无论是分享经济，还是供给侧改革，都离不开我们国家的新型城镇化发展，城镇化是我们国家走向现代化的必由之路。

如何看待分享经济、供给侧改革？以出租车和专车为例，一个城市到底需要多少车辆，没有哪个政府与机构能回答清楚。现在APP平台带来了信息对称，我们现在不用出门打车，在手机上就可以解决这个问题。出租车为什么采用价格管制、数量管制，因为有大量的信息交易不对称。我们打出租车的时候完全靠路边等，车在哪儿不知道，我们在哪儿，车也不知道。我们上了这个车之后，这个车对你态度的好坏，你对它评价好也罢、坏也罢，对这个车的长期发展没有激励作用。不像一个饭馆，我们去饭馆吃饭，这个菜好，服务好，我们可以带新客户，会有内生激励机制在里面，不断改进它的服务。

在分享经济时代，过剩产能不再是烫手山芋，而是一种更加廉价、便捷的原材料。罗宾·蔡斯认为，利用过剩产能的成本总是比购买新的原材料要低，并且花费更少的时间和精力。分享经济虽然不直接生产商品，但它能够通过资源的重新配置产生新产品，进而刺激新的消费需求。也就是说，发掘出闲置的车辆、房间，与建立一条新的汽车生产线、盖一栋酒店大楼所产生的价值无异，而且前者又能节约产能，提高资源利用率。这恰好符合供给侧改革强调从供给端发力、扩大有效供给的思想。

事实上，这几年来，政府促进供给端改革的一系列政策就催生了很多分享经济模式的企业。在"互联网+"和"大众创业、万众创新"的口号下，各式各样的创业公司如雨后春笋般成长起来，滴滴快的、wifi万能钥匙、闲鱼等共享平台就是其中的佼佼者。但这些还远远不够，除了住房和交通行业之外，在医疗、教育、食品、旅游等民生基础行业，还存在着大量的资源配置失衡的问题。目前的分享经济模式主要是P2P(个人对个人)，但是分享经济的蓝海在B2B(企业对企业)，B2B模式正以其迅速发展的企业数量在不断成长，尽量精简企业的服务体系，促进更加低成本、高效率的运行，进一步优化企业的共享资源，使他们得以高速的传递与运转。可以预见，在中央政策的支持下，分享经济将迎来一个新的发展机遇期。

经济共享，企业将资金花费在运营的成本上，减少了不必要的开支，还能再一定程度上提高效率。企业将自己的精力放在自己擅长的领域精耕细作，将一些不擅长的领域外包给一些专业性的组织，为消费者提供优质的服务与更为舒适的体验。传统的产业互联网我们的平台就是运用分享经济的共享平台，作为传统的B2B展览行业，一路展展装服务交易平台，平台运用众筹的手段，众包的模式将展装的设计和搭建环节分别众包给展览设计师和展览工厂，做展览设计师和工厂的共享平台。同样我们通过这样众包给的模式重新塑造了展装的产业链和价值链，让参展商减少了过多的中间环节，提升展装行业效率，实现了设计师、展览工厂和设计师的价值最大化。

当前互联网新时代的"供给侧"改革，不是简单的增加生产能力，而是增加消费端的基础设施供给，使得新供给创造新需求，新需求推动新消费，新消费倒逼新产业的产生和变革。"分享经济"不仅是国家战略，更是企业的必走之路。既是通过技术手段引发革命，又是通过产业"互联网+"分享经济产生化学反应。这一化学反应已经渗透到经济社会的各个方面，并带来了新一轮的业态变革，包括制造业业态、服务业业态、贸易的形态以及互联网本身的形态，更包括大数据集成协同创新系统的形态变化。这将成为我国未来经济发展的新动力，也是创新发展理念中最重要的内容。

分享经济已经来到时代的风口，未来一切可分享的东西都将被分享，人们的工作和生活方式将因之发生深刻变化。例如Airbnb在旧金山的一项调查显示，房屋分享带来了14%的新客户；在日本的一项调查表明，独特的旅游体验让游客会有再次旅游和重复旅游的欲望，28%的游客表示如果没有房屋分享将会缩短 在当地的停留时间。正如分享经济的倡导者瑞恩·格丽(Ryan Gourley)所言："分享经济从一个城市开始，逐步扩展到一个地区，进而渗透到整个国家，最后形成一个分享的世界。"

# 人人参与供给侧改革

事实上，这几年来，政府促进供给端改革的一系列政策就催生了很多分享经济模式的企业。在"互联网+"和"大众创业、万众创新"的口号下，各式各样的创业公司如雨后春笋般成长起来，滴滴快的、wifi万能钥匙、闲鱼等共享平台就是其中的佼佼者。

但这些还远远不够，除了住房和交通行业之外，在医疗、教育、食品、旅游等民生基础行业，还存在着大量的资源配置失衡的问题。可以预见，在中央政策的支持下，分享经济将迎来一个新的发展机遇期。

历史经验表明，划定重点领域、进行重点突破是让改革达到最高效率的最好办法，越是针对性强的改革越是如此。那么，"供给侧改革"的重点领域是什么？

中央财办主任、国家发改委副主任刘鹤在广东考察时表示，要大力推进市场取向的改革，更加重视"供给侧"调整，加快淘汰僵尸企业，有效化解过剩产能，提升产业核心竞争力，不断提高全要素生产率。要把增强企业活力放在突出位置，坚持基本经济制度，引导好社会心理预期，重视产权保护和知识产权保护，完善商业法制，切实发挥企业家重要作用，着力营造扶商、安商、惠商的良好市场环境。这预示着，在产业层面，淘汰僵尸企业，化解过剩产能，激发企业活力，将是"供给侧改革"的重点领域。

习总书记在中央财经领导小组第十一次会议上的讲话，更全面地为"供给侧改革"下了定义：其一，"要促进过剩产能有效化解，促进产业优化重组"。化解过剩产能，通过价格调整、企业整合淘汰、拓展外部市场是主要方式。这意味着，从央企到地方国企的整合将向下层逐级推开，"一带一路"的建设进程将加快。这关系到产业层面供给的改善。

其二，"要降低成本，帮助企业保持竞争优势"。这意味着企业将通过结构性减税获益。实际上，此前明确的"适当降低社保缴费水平"，与降低成本的政策信号一致。这是在财税制度层面改善供给。

其三，"要化解房地产库存，促进房地产业持续发展"。这是对房地产作为支柱产业的再次确认。促进房地产业持续发展，不仅因为这一行业能带动钢铁、水泥、电解铝等许多下游产业的发展，化解这些行业的产能，有效拉动就业，还在于从推进"人的城镇化"考量，房地产业的发展是让2.5亿缺乏相应市民权利的城镇常住人口能真正定居下来的必要物质前提。这是在调控层面消除供给制约。

其四，"要防范化解金融风险，加快形成融资功能完备、基础制度扎实、市场监管有效、投资者权益得到充分保护的股票市场"。这一论述表明了最高领导层对股市发展的态度。股市既是企业的直接融资平台，也是普通投资者合法获得财富、提高消费能力的主要平台。这是在资本层面强调供给的稳定性。

产业层面、调控层面、财税制度层面、资本层面的新部署，勾勒出了"供给侧改革"的重点领域和规模。显然，这些层面的改革都非一日之功可竟，这也表明"供给侧改革"不是针对经济形势的临时性措施，而是面向全局的战略性部署。

"供给侧改革"的立足点应该是"改革"。

现在有不少专家在讨论"供给侧改革"时，经常把它和"供给侧管理"当作同义词，然后分析怎么用财政政策、货币政策、产业政策精准地对总供给进行调节。在我看来，这恐怕是不符合"供给侧改革"的原意的。所谓"管理"，无论是"供给侧"还是"需求侧"，它的主体都是政府，强调的都是政府在资源配置中所起的作用。而"改革"的意思则不同，它的目的是让企业成为经济运行的主体，强调的是要让市场真正发挥起在资源配置中的决定性作用，而政府在这个过程中则主要负责创造良好的环境、为市场运作提供服务和支持。这两个概念虽然只有两字之差，但它们背后的理念却有本质不同，引申出的政策也会有巨大差异，因此在理解"供给侧改革"时，先区分这两个概念是极为重要的。

将减少税收总量，纠正税收扭曲。

减税可能是所有经济政策中提及频率最高的。减税的理论渊源可能源自于"供给学派"。如果适当消减税收，就能够激发整个社会的积极性，让供给大幅提升，而与此同时，政府可以获取的税收也能够增加。

目前，企业家普遍感觉运营企业的成本过高，因此进行投资和创新的积极性都不足。在这种情况下，推行减税政策毫无疑问将有利于激活企业的动力，有助于让经济的总供给得以提升。在削减税负总量的同时，应该十分重视纠正税收带来的扭曲。

结构调整将淘汰僵尸企业。

全要素生产率的提升是"供给侧改革"的核心任务，而提升资源的配置效率则是提升全要素生产率的两大途径之一。很多研究表明，如果有效纠正了资源在产业之间、企业之间的"错配"，就能有效提升效率、增加供给。从这个角度上看，调整经济结构应当成为"供给侧"改革的一项关键政策。

问题的关键是调什么结构、用什么方法调。关于"调结构"，现在最流行的理解是，通过产业政策的指导，调整产业结构的布局，把落后的、产能过剩的产业调下来，把新型的、更优的产业扶持起来，这种"调结构"的思路可能是值得商榷的。产业政策能够有效的前提是政府能够有效地判断什么产业结构是更优、更有效的，什么产业是更有前途的，但是在现实中，政府却很难做到这点。认为政府能更清楚地判断产业结构的优劣、认清产业发展的方向，其实是一种"致命的自负"，所以"调结构"与其交给政府做，不如放手让市场去做。企业家是拿着自己的钱做生意的，需要为自己的投资承担结果，从这点上讲，他们更有动力去准确判断什么产业有前途、什么产业没前途，只要不对他们的行为进行过多阻碍、不对他们的判断进行人为的干扰，他们就能慢慢塑造出一个优化的产业结构来。

还需要强调的一点是，在调整产业结构、让资源在不同产业之间进行配置的同时，注意每个产业内部的"结构调整"，让资源在同一产业内部优化配置可能更为关键。产业内部的资源为什么会错配呢？

主要原因有三点，一是政策扶持，这让没效率的企业（主要是国有企业）死不了；二是行业管制，更有效率的企业进不来；三是政策歧视，这让资源难以配置到有效的企业去。因此，如果我们要有效提升生产率、让供给侧真正发力，就首先应该让"僵尸企业"死掉，把有效的企业进来，并获得到资源进行生产。

放开户籍、土地或是供给侧改革亮点。

在中央经济工作会议上，"去存量"作为进行"供给侧"改革的一项重要的任务提了出来，并提出了降低房价、推进城镇化、鼓励农民工买房等一系列的政策主张。

现在中国的城市化很迅速，进城的农民工很多，但是为什么他们不买房呢？房价高固然是一方面，但更重要的是他们不想买、买不起。首先，由于户籍制度的存在，农民工即使在城市定居也难以享受和城市人一样的福利待遇，在这种前提下，城市住房对于农民的"含金量"就很低，所以它们不愿意买。从这个角度上讲，要让进城的农民工真正有意愿帮助"去存量"，破除户籍制度，实现福利和社会保障的均等化是十分关键的。其次，农民工的收入水平相对较低，所以即使他们有了购买意愿，也难以形成真正的购买力。那么，农民到底有没有进城购房的资本呢？其实是有的，这就是他们在农村的土地。但是，由于农村土地的产权不清，流转不畅，所以这些土地很难形成农民进城的资本。很多农民工进城后，他们所拥有的土地只能闲置，或者在征地过程中低价出售，这既不利于土地的有效使用，也不利于保障农民的利益。因此，要让农民真正在城里买得起房，可能还需要从根本上改革土地制度。

现在大家都在为巨大的住房存量担心，但是如此巨大的住房存量究竟是从哪儿来的呢？恐怕是两方面原因共同作用的结果。一方面，它是过度的货币扩张的后果。为了对抗世界经济危机的冲击，我国采取了扩张性的货币政策。但由于种种原因，很大一部分增发的货币最终没能流入实体经济促进生产，而流向了房地产市场，让住房价格迅速攀升，而高企的房价又诱导地产商进行了过度的投资。另一方面，它是土地财政遗留的恶果。如果要实现"去存量"的目标，就必须要保证不产生，或者至少是少产生新的"存量"。这就要求一方面保证货币政策的稳健性，另一方面要根治土地财政问题。它能否成功实现，关键还是要看各级政府能否忍受一段时间的低增长、低税收，如果经济一下来就刺激，那这个目标就很难完成。

"大众创业"防止创业泡沫的产生。

中央倡导"大众创业、万众创新"，是要创造条件让企业家精神得到发挥，这当然是值得肯定的。不过，在对创业进行鼓励时，也有两点需要尤其注意：

第一，要防止创业泡沫的产生。任何好的政策都要注意限度，对创业的鼓励也是如此。如果对创业的鼓励过了头，让那些不具备企业家精神的人也贸然去创业，那同样也是一种资源错配。现在，各级政府积极实行简政放权，为创业提供便利，那当然是一件好事。不过，也有些地方的政府为了鼓励创业出台了过多的鼓励政策，例如鼓励没有经验、没有技术的大学生都休学创业，这就有些过了头，很可能会带来创业的泡沫，这是十分值得注意的。

第二，要慎用对于产业的偏向性支持。有很多创业者为了获得政府的补贴而放弃自己熟悉的领域，转而一窝蜂地选择了所谓的高科技产业进行创业，这其实就是极大的资源错配。从这个角度上看，政府在使用偏向性的产业支持政策时，应当采取一种十分谨慎的态度。要知道，有时候过于有力的支持也会带来伤害。

供给与需求是社会再生产循环过程中的两个基本环节：首先，供给与需求的关系是社会再生产循环过程中的生产与消费两个环节；二者关系是生产(供给)决定消费(需求)，消费(需求)促进生产(供给)。比如房地产市场，当市场只有商品房一种商品供给时，人们就只能充当"房奴"这一角色；当低收入群体增加特别是加快推进城镇化时，民生房的需求会倒逼政府扩大民生房的供给；其次，供给与需求的关系会在调整中保持动态平衡，供大于求即生产过剩，供小于求则生产短缺，无论生产过剩还是生产短缺都会导致社会再生产过程的不平衡，严重时甚至会使再生产过程中断。比如，目前某些企业的产能过剩就是供求关系的严重失衡，局部失衡严重时会引发系统失衡。最后，国家宏观经济发展战略与调控就是要寻求供给(生产)与需求(消费)的动态平衡。所以，无论强调供给侧还是强调需求侧都是一个国家在不同经济发展阶段(周期)推进经济可继续发展战略上的一种动态平衡选择。

近几年中国经济增长持续下行，稳增长将是"十三五"规划期间的基本任务之一。在人口红利消退，传统增长模式难以为继的情况下，新的增长动力是什么？自上而下看，深化结构改革，以制度变革红利替代人口红利是一个方面。

分享经济提高自然资源的使用效率，有利于经济的可持续发展，由此对大宗商品价格可能产生影响。目前看，分享经济是一个新增的抑制大宗商品需求的长期因素，具有抑制大宗商品价格上升的作用。

由于资本利用率上升，投资需求可能下降。分享经济提高了存量资本的使用效率，意味着提供一定量有效供给所需的新增投资减少，投资需求将下降。例如，近期估值已达255亿美元的Airbnb致力于将全球的闲置房屋都变成酒店，供旅行者使用。

2015年初，Airbnb已拥有超过100万间房间，因其采用的是盘活存量住房，而非买地盖楼等重资本投入，降低了酒店业的新增投资需求。从增量资本方面来看，由于利用效率提高，同等产出增量需要的投资也会减少。

消费者实际购买力提升，消费需求增加，尤其是服务消费。由于共享存量资源的边际成本低甚至接近于零，分享经济提供的商品和服务的价格也较低。在相同名义收入水平下，商品和服务价格的下降将提高实际收入，带动总购买能力的上升，从而增加需求。

# 分享经济助推供给侧改革

在五中全会公报和"十三五"规划建议中，"分享经济"首次被提出。作为互联网下的"新经济""新商业"形态，"分享经济"正在改变传统的经济模式。"分享经济"是指资源所有者将自己闲置的资源拿出来，供那些需要的人有偿使用。这是在互联网技术发展的大背景下诞生的一种全新商业模式。

"分享经济"，这一饱含着尝鲜因子的商业模式在逆袭和改变着传统消费观念。在国外，具有代表的分享经济模式是Uber和Airbnb，前者提供出行车辆服务，后者提供旅游租房服务。

无论是Uber、Airbnb，还是滴滴快的，最近两年均呈现了爆发式增长，快速成为互联网行业的翘楚，并引发分享经济模式在各行业中的创业潮。分享经济在2014年之后进入了快速扩张期，迅速渗透到许多领域和细分市场。根据统计，2014年全球分享经济的市场规模达到150亿美金。到2025年，这一数字将达到3350亿美金。目前，在房屋租赁、交通出行、家政、酒店、餐饮等领域，国内外正在诞生众多基于分享经济的创新公司。

分享经济为何受追捧？拿互联网模式下的顺风车来说，拼车服务能减少55%的交通拥堵，既节约了道路资源和能源消耗，又极大降低了消费者的用车成本，对于平台、使用者、出让者、社会都是多赢的结局，而一旦普及，第三方的保险、服务机构也将获益。有数据显示，"分享汽车"模式让德国不来梅市每年减少了1600吨二氧化碳的排放。

正如业内人士指出的，作为一种新经济模式，分享经济主张通过调整社会存量资源来最大限度地利用产品和服务，完全颠覆了以往不断通过新投入刺激经济增长的传统思路。未来分享经济将向金融租赁、物流运输、教育培训、广告创意等领域大范围渗透，并将成为主流商业模式。

目前中国市场，除了打车服务，分享经济还没有成为一股巨大的经济力量。当分享经济被写入五中全会公报中，成为党和国家的战略规划，我们可以想像，这一新经济模式有望成为又一个"风口"。

分享经济正在成为供给侧改革的重要推手。在"2015年"两会前夕，就有产业界的人大代表表示，将提案推动分享经济的发展。代表们认为，用移动互联网等手段，把闲置社会资源中潜在的生产力挖掘出来，非常符合目前形势的需求。

当前，中国拉动经济增长的"三驾马车"中，投资和出口动力不足，消费的潜力尚未充分激发，使得进入新常态的中国经济面临着巨大的下行压力。为此，中央提出供给侧结构性改革，包含5项重要任务：去产能、去库存、去杠杆、降成本、补短板。在实际工作中，迅雷赚钱宝等基于分享经济开发的创新产品，通过挖掘闲置资源发展生产力，为助推供给侧改革发挥了重要作用。

重要作用一：挖掘闲置生产力减少产能供应。

作为未来最核心的政策主线，供给侧改革中化解过剩产能产能过剩问题备受关注。李克强总理曾表示：产能过剩越来越成为经济运行中的突出问题，要坚定不移地化解产能矛盾，按照既利当前又利长远的原则抑制盲目扩张。

因此在去产能化过程中，需注意既要消耗过剩落后产能，又要保证当前市场供应平稳。在这看似矛盾的局面中，分享经济模式将大显身手。它主要是通过对闲置生产力的挖掘利用，来保证在降低产能的同时，不会影响到市场正常供给。

比如在交通领域，如按传统思路来缓解出行难问题，则势必要通过兴建新道路、地铁，以及投放更多公交、出租车辆来实现，如此一来实际是加大了产能，而Uber、滴滴等分享经济式打车软件，则是利用已有的闲置车辆资源，解决了这一问题，既保证了普通民众日常出行的方便，又不会额外增加新的车辆投放。

在宽带降费提速上，分享经济也有非常典型的表现。传统思路提速降费，主要解决办法是增加新的带宽，同时降低资费减轻使用成本。但新带宽的建设本身就与去产能等供给侧改革要求背道而驰。而迅雷旗下网心科技公司遵循分享经济模式打造的智能硬件"迅雷赚钱宝"，却通过回收利用家庭宽带中闲置的流量和带宽，在现有的宽带基础上，就能顺利实现网络提速。

重要作用二：库存资源再利用降低使用成本。

去库存、降成本，是供给侧结构性改革的另外两大重要任务，分享经济在其中也大有用武之地。

分享经济同样是通过对闲置资源的重新回收利用，来实现去库存与降成本的目的。当前最受关注的房地产去库存，其中同样能看到分享经济的身影。如正在兴起的养老地产和旅游地产，就是一种分享经济思维，不但盘活了库存的存量房，还降低了民众在养老和度假时的住宿成本。

迅雷赚钱宝不但回收利用了家庭宽带中的闲置资源，而且可以将这些资源出租给有需要的企业使用，变现成现金收入，最终回馈给家庭宽带的用户，相当于有人同这些用户分担了宽带费，从而降低了使用成本。据不完全统计，迅雷赚钱宝面世以来，以累计为用户返还收入2亿多元。

此外，分享经济模式还能发挥强大的社会效益。如在环保、增加就业等方面，分享经济模式都有非常出色的表现。滴滴、Uber等打车软件，一年为社会创造几十万个就业机会。而迅雷赚钱宝则通过充分挖掘闲置带宽资源，减少了对耗能巨大的数据中心的需求，仅去年一年，就为全社会节省电能800万度。这些都从侧面推动了经济新常态下的结构性改革。

推进供给侧结构性改革，推动经济持续健康发展，是今后一段时期内，中国经济工作的总体思路和基本遵循。继续通过需求侧管理刺激经济，空间有限，这是业内共识。供给侧结构性改革如何发力，已成为事关中国经济前景的最重要话题。在这项重要工程中，分享经济将凭借自己的特性，发挥重要而独特的作用。

# 分享经济为供给侧改革提供了可能

中央不断强调供给侧结构性改革的重要性，提出去产能、去库存、去杠杆、降成本、补短板的任务和减少无效供给、扩大有效供给的目标。分享经济作为一种新的经济模式，在化解产能过剩和扩大供给方面不断给人新的思考。

传统经济学理论认为，有需求才会有供给，而只有供需达到平衡，才能保证经济生活的顺利进行。但在当前的经济形势下，由资源配置失衡导致的供需关系不平衡已经产生了一系列问题。以出租车行业为例，一方面私家车95%的时间都是闲置的，另一方面打车难仍然普遍存在。这就是有效供给与无效供给之间的矛盾。分享平台为供需之间随时随地提供车辆预约、沟通、服务、交易，可以短时间地实现整个流程，移动互联网时代的分享平台完全打破了传统出租车行业所面临的时空限制，使得车辆共享随时随地成为可能，这就有效解决了供需不平衡的问题。

财政部发布的数据显示，2015年1~10月，国有企业营业总收入同比下降6.3%，利润总额同比下降9.8%，国企已迫切需要通过供给侧改革实现新的增长。

作为国企的重要组成部分，央企通过供给侧调整提质增效已提上日程。国务院常务会议指出，对持续亏损三年以上且不符合结构调整方向的企业采取资产重组、产权转让、关闭破产等方式予以"出清"，清理处置"僵尸企业"，到2017年末实现经营性亏损企业亏损额显著下降；加快从非主业领域退出，严控产能过剩行业投资，促进国有资本更多地向关系国家安全、国民经济命脉的重点行业和关键领域集中。

中国经济应更注重中长期的供给侧改革，取代短期以需求调控为主的发展模式；破解劳动力短缺和成本上涨难题，实施从控制人口数量转向优化实施人力资本战略；积极审慎地推动土地制度改革；全面实施财税金融改革，不断解除"金融抑制"，有效支持实体经济；为企业经营创业活动"松绑""减负"，激发微观经济活力。

供给侧结构性改革不排除减税等宏观政策措施，但重点还是在微观层面进一步开放要素市场，优化资源配置，全面提高要素生产率。具体而言，要对减少产能采取果断管用的办法，并解决好"人"和"债"的问题；进一步放宽市场准入，加快行政性垄断行业改革；加快城乡之间土地、资金、人员等要素的流动和优化配置；加快产业转型升级，推动制造业由粗放经营转向精致生产，提高附加值比重，向全球价值链的中高端提升；在尊重创新规律基础上培育创新环境，保护产权特别是知识产权；稳定企业家、科研人员的预期，促进创新要素流动，培育人力资本等。

事实上，供给侧改革的思路早有体现——不管是"大众创业、万众创新"，还是"互联网+"，其目的都在于激发社会活力，实现资源的有效配置，让生产要素流向更需要的地方。

当前，中国供需关系正面临着不可忽视的结构性失衡。"供需错位"已成为阻挡中国经济持续增长的最大路障：一方面，过剩产能已成为制约中国经济转型的一大包袱；另一方面，中国的供给体系，总体上是中低端产品过剩，高端产品供给不足。因此，强调供给侧改革，就是要从生产、供给端入手，调整供给结构，为真正启动内需，打造经济发展新动力寻求路径。

如何推进供给侧改革？供给侧改革的关键是推进供给的结构性调整，即通过创新供给结构引导需求的结构调整与升级。习近平总书记在谈到中国经济新常态特点时特别强调中国经济面临三大结构调整，即经济结构、增长动力结构和增长方式结构的重大调整。推进供给侧改革应当以推进上述三大结构调整为重点。首先，供给侧结构性改革应当有利于经济结构的调整。经济结构按层次包括产业结构和产品结构的调整，调整产业结构重点是推进现代第三产业的发展，提高第三产业占国民经济的比重。调整产品结构包括生产性消费品结构和生活性消费品结构，变制造大国为制造强国；推进消费升级和消费结构调整也是供给侧结构改革的重要任务。其次，供给侧结构改革应当有利于经济增长动力结构的调整。改革开放以来，出口、投资、消费一直是支撑我国经济发展的"三驾马车"，其中出口与投资贡献率最高。美国次贷危机以后，特别是我国经济已步入自然回落周期以来，我国经济增长动力结构发生深刻变化，按需逐渐成为主要动力。因此，供给侧结构改革要适应和推进动力结构的调整。最后，供给侧结构改革应当有利于经济增长方式的结构调整。习近平总书记在论述经济新常态第三个特点时指出，中国经济正由要素驱动、投资驱动转向创新驱动。十八届五中全会在制定五年发展规划时，将创新发展确定为五大发展战略之首。供给侧结构改革应当在供给侧理论、供给侧制度、供给侧技术等方面寻求突破。

供给侧与需求侧的结构性改革应当同步推进，不能顾此失彼。习近平总书记提出供给侧结构性改革时强调，"在适度扩大总需求的同时，着力加强供给侧结构性改革。"显然，供给侧与需求侧是矛盾统一体的两个方面，不能强调一侧，忽略另一侧。这是因为，目前我国经济运行正面临着供给侧和需求侧都亟待结构性调整的双重压力，目前供给侧方面的问题是结构性供给过剩和结构性供给不足并存。

不能简言过去强调需求侧今后强调供给侧，更不能简言强调供给侧就是提高生产能力和增加供给。正确的选择是，坚持供给侧和需求侧的同步结构性调整，实现新的平衡，从而实现经济的稳步增长。

# 第七章
# 中国对分享经济的策略

　　人人参与、互联网平台、大数据分享等正在带领人类从分工型经济增长走向分享型经济。当然，要让分享经济真正有效的满足人人参与、人人分享，也需要每个参与者、分享者提供分享信息的真实性、有效性，其背后也是对所有市场参与者的诚信体系的考量。在此情况下，政府通过依法干预和合理监管，确保分享经济发展建立在诚信有效的基础上，也是分享经济发展不可或缺的重要组成部分。

# 中国式分享经济路在何方

在"互联网+"的助推下，分享经济在中国呈爆发式发展，它更好地实现了资源的合理配置和无上限供应。但是专车、顺风车等分享经济业态在中国面临的政策问题也表明，分享经济给现有制度设计带来了新的不确定性，比如盈利模式尚未清晰、信息安全问题难以保证以及保险体系缺乏支持，中国的分享经济路在何方？

1.分享经济还不是中国人的菜

仅仅一年多的时间里，出行领域上演了不只一幕瞬息万变的进化，而这种进化背后的商业战争近乎残酷。

2015年6月1日，滴滴顺风车业务上线，一场围绕拼车业务的混战就此开始。4天以后，已经在拼车领域上摸爬滚打一年多的爱拼车烧钱不支，宣布关闭业务，另外一家拼车公司此前也已关闭。

只有共享却没有分享经济的企业只能望洋兴叹。然而残酷的现实是，中国才最需要分享经济！奥巴马曾说过："如果10多亿中国人口也过上与美国和澳大利亚同样的生活，那将是人类的悲剧和灾难……中国人可以富裕起来，但要有一个新模式，不要让地球无法承担。"

尖锐？刻薄？但却直接戳中了中国人的痛处。以交通为例，50%的交通资源运送了不到5%的出行者。人口与资源的双重压力急需社会利用分享经济对资源进行高效利用，但是对于没有经济只有共享的中国式分享经济模式，14亿中国人将何去何从？

与分享经济在国外刮起的飓风相比，在中国，分享经济似乎还在自嗨的襁褓之中，分享经济这个词对于中国互联网企业来说，似乎需要面对更多的挑战。

比如收费与免费的问题，以顺风车为例，下班后朋友要搭你的车去某地，你肯定不好意思向朋友收钱。若是其目的地与你的目的地相近还好，若是较远，则不但浪费了你的时间，所能得到的好处也仅仅是一句"够意思"。

从另外一个角度想，若是一直碍于面子不收钱，势必会在某一天厌倦了"白忙活"，而当你产生这种情绪的时候，也是朋友关系产生裂痕的开始。或许，收费会给朋友关系上一道保险。

当中国人将自己的闲置资源拿来与别人共享时是不屑于收钱的，或者说不好意思向对方收钱，这会显得自己"自私""贪财"或是"不够义气"。

所以中国人在面对这些闲置资源的时候，宁愿闲着，也不愿意拿出来共享，即使共享，也不愿意收费。这就是中国人强大的面子逻辑。

2.中国正在直奔分享经济的路上

毫无疑问，互联网金融给中国带来了难以置信的改变，互联网与金融的结合更推动了中国分享经济的发展。凭借创新技术与商业模式，如今的老百姓1元就可以买基金、100元就可以放贷款。从互联网金融层面上，越来越多的证据表明，中国正在直奔互联网分享经济。

"宝宝军团"规模巨大：让大众共享互联网金融红利。

事实上，许多老百姓都渴望财富增值，但对于投资、理财却觉得无从下手，一是存款不多，二则没有基本的专业知识。而余额宝、理财通等"宝宝"类互联网理财产品的诞生轻松解决了上述两个难题。

凭借网络技术，"宝宝军团"这种新型的互联网货币基金规避了传统理财产品的高门槛局限，能将零散资金集中起来形成规模效益，同时提高资金利用率。

数据显示，"宝宝军团"的总体规模至少已经达到7000亿元。不得不说，它成功开启了属于大众的投资时代，让普通人也能共享互联网金融带来的红利。

P2P网贷发展迅猛：助推金融大众化。

除了"宝宝军团"，互联网金融领域最热的还属P2P网贷。毫无疑问，增长如此迅速的原因正是创新型P2P互联网金融与互联网技术及大数据产生的效应。

P2P网贷为不少中小微企业和个人提供了更方便、快捷、有效的融资渠道，既助推了金融大众化，又形成了全民共享金融服务的良好氛围。P2P原本就是分享经济的主要形态，在这方面，中国已然迈出了巨大的一步。

网商银行获批：中国政策利好。

2014年9月底，阿里旗下的浙江网商银行终于获批。相关集团高层表示，网商银行或将采用无网点的纯网络银行模式，用互联网的技术、互联网的理念和互联网信用，提供适合小微企业和草根消费者的金融服务。

显然，成本和大数据是网商银行的最大优势，银监会对这一创新模式的认可，恰恰表明了国家政策方面对互联网金融以及分享经济的支持，也暗示着中国正在加速推动金融改革、快步奔向互联网分享经济。

众筹模式受热捧：与创业者共享财富。

众筹是分享经济的另一个形态，该模式的创业方式在国外已发展了四年多。众筹源起于美国网站KickStarter，该网站通过搭建网络平台面对公众筹资，让有创造力的人能获得他们所需要的资金，实现自己的梦想。

如今，众筹模式也成为备受国内年轻创业者追捧的主流方式之一，且发展势头迅猛。国内已有百余家众筹平台。依托互联网技术带来的种种便利，在不久的未来，人们都将更倾向于与他们欣赏的创业者共享自己的财富，越来越多的人将参与共享的环节，中国互联网分享经济的崛起也必将势不可挡。

3.中国式分享经济怎么突破

用收益促进参与，调动积极性。

在中国并不缺共享，文青范喜欢豆瓣，较真派喜欢果壳，精英党喜欢知乎。而在其中，经济行为主要来自社区名人这一群体，如大V、大神等，他们往往通过自身在社区的影响力发布广告而获取利益，但这种利益的获取并非来自共享。

如果共享不能变成分享经济的话，一定会把共享禁锢起来。没有金钱的介入，分享经济只能是少数人的表演，而非多数人的参与。

分享经济作为一种新的经济模式，需要建立在理性人的基本假设上，缺乏利益作为基础动机，共享行为就很难持续进行和广泛推广。

增加社会闲置资源的存量，做好利益平衡。

Airbnb以惊人的速度在全世界扩展，这得益于这种新颖、方便、性价比高的租房方式逐渐为人们所接受，而这种影响在国内也在逐渐显现。随着人们消费意识的改变，多样化、个性化的住宿、出行需求提升，社会闲置资源仍将继续增加。通过资本放大其增长速度和空间，形成对社会闲置资源的更大范围的覆盖，进而夺取更大的市场份额，得到超额回报。

伴随着分享经济的烦恼是其与监管机构的关系，实际上更是与背后各方利益的关系及其平衡。如与当地租车公司利益之间的平衡，本地房屋租赁市场与家庭酒店短租市场的平衡，出租人与房屋业主的利益平衡，出租人与小区住户的利益平衡，酒店业与网络家庭酒店业竞争环境的平衡等。

让互联网解决供需，达到共享与经济间的完美闭环。

互联网最大意义在于解决信息不对称的难题，这也是以顺风车为代表的分享经济模式正在大行其道的原因，用互联网方式重组社会资源，车主把空置的副驾驶利用起来，几乎没有额外的付出，就能成为一个有收益的共享者。而对于搭车人来说，只要少量费用就能到自己想去的地方，当把这些汽车的闲置产能和出行硬需求整合起来后，无论是对车主还是乘客，拼车出行都是一种经济且舒适的出行方式，在满足出行硬需求的同时，还可以满足其社交和环保的需求，达到共享与经济间的完美闭环。

如何收钱绝对是一个尴尬的问题，所以还需第三方定价。第三方平台解决了中国人羞于谈钱的问题，对搭顺风车的行为进行合理且透明的定价，这样就可以最大限度地弱化中国人的传统思维模式。在整个过程中，提供资源者理所应当收钱，享受资源者则心安理得地享受共享资源。

面对资源闲置，只要能充分共享，并拟定相应的规则，完全可以成为提升社会公共效率的灵药，这便是分享经济的杠杆魔力。

# 宏观的政策环境

　　"分享经济"概念首次在中央文件中被提出，是在2015年9月26日国务院发布的《关于加快构建大众创业万众创新支撑平台的指导意见》(国发〔2015〕53号)中。该文件指出，在当前全球分享经济快速增长的大背景下，我国要壮大分享经济，培育新的经济增长点，以把握发展机遇，汇聚经济社会发展新动能；同时，要推动整合利用分散闲置社会资源的分享经济新型服务模式，以激发创业创新活力。

　　2015年10月29日，党的第十八届五中全会进一步指出，我国要坚持创新发展，实施网络强国战略，实施"互联网+"行动计划，发展分享经济。同日，发展分享经济，促进互联网和经济社会融合发展被纳入《中共中央关于制定国民经济和社会发展第十三个五年规划的建议》。

　　2015年11月19日，国务院在《关于积极发挥新消费引领作用加快培育形成新供给新动力的指导意见》(国发[2015]66号)中指出，我国要完善分享经济，调整完善有利于新技术应用、个性化生产方式发展、智能微电网等新基础设施建设、"互联网+"广泛拓展、使用权短期租赁等分享经济模式成长的配套制度，以加强助推新兴领域发展的制度保障。

2016年3月5日，李克强总理在《政府工作报告》中提出，我国将把发展分享经济作为"十三五"时期的重大举措，要推动新技术、新产业、新业态加快成长，以体制机制创新促进分享经济发展，建设分享平台，做大高技术产业、现代服务业等新兴产业集群，打造动力强劲的新引擎。充分释放全社会创业创新潜能成为了我国政府2016年的工作重点，政府已着力实施创新驱动发展战略，促进科技与经济深度融合，以提高实体经济的整体素质和竞争力，发挥大众创业、万众创新和"互联网+"集众智汇众力的乘数效应。打造众创、众包、众扶、众筹平台，构建大中小企业、高校、科研机构、创客多方协同的新型创业创新机制。支持分享经济发展，提高资源利用效率，让更多人参与进来、富裕起来。

另外，在政策方面，我们也要看到制度因素、组织创新能力能否突破束缚，决定着全要素生产率的提升空间，也由此决定着"供给侧改革"的成效。

根据经典定义和决策层对"供给侧改革"的表述，提高全要素生产率是"供给侧改革"的目的。什么是全要素生产率？就是在资本、劳动、土地等有形生产要素投入量不变的情况下，无形生产要素推动的生产率提高。在中国，由于普遍的技术进步还未到来，因此无形生产要素应当主要包括制度因素和组织创新能力。也就是说，制度因素、组织创新能力能否突破束缚，决定着全要素生产率的提升空间，也由此决定着"供给侧改革"的成效。

事实上，在制度因素方面，能否改进供给是现在面临的一大问题。比如，在人口红利衰减的趋势形成后，应当制订什么样的人口政策保证充足和更高素质的人力资本供给？在中小企业天然缺乏高等级信用的情况下，应当制订什么样的金融政策让中小企业得到资金供给？在放宽房地产市场调控的预期中，应当制订什么样的政策既能让房地产行业发挥经济引领作用，又避免形成过大价格泡沫？这些问题都是老问题，但一直没有明确的解决方案。调控历史表明，跳出"一管就死、一放就乱"的怪圈，必须跳出短期利弊的思维视野，从长远利益考量，让制度因素与经济增长的长远目标相匹配。让"供给侧改革"达到预期效果，制度供给的创新是最重要的前提。

此外，组织能力的优化对"供给侧改革"也起着重要作用。目前已经推进或正在部署的行政审批制度改革、商事制度改革、国企改革等，既涉及政府组织，也涉及政府资金主导的大型企业组织，这些都属于组织能力优化的新探索。"供给侧改革"强调了继续推动这些改革的重要性。而从全局来看，不仅政府组织、大型企业组织需要优化能力，数量庞大得多的微型组织能否优化，同样重要。当前，大量微型组织生存发展困难较多，优化这些组织的能力，为其提供宽裕的市场进入空间，通过减税等措施减轻其压力是当务之急。如此才能提高其生存能力，创造鼓励创新的应有环境。

要看到，在有形生态要素投入不变的情况下提高全要素生产率只是理想状态的表述。事实上，目前资本、劳动、土地等有形生产要素不是没有变化，而是在冲向高点后发生了逆变化，通过有形要素提高生产率的空间已变得狭小。就此而言，推行"供给侧改革"以提高全要素生产率，已相当迫切。

细观之下可以发现，"供给侧改革"尽管是全新表述，但与现在已经部署并次第展开的一系列改革高度重合。从本质上看，尽管"供给侧改革"意味着经济宏调着力点可能发生变化，但不是改革总体思路的调整，而是一系列改革更具象、更明确的表达。这表明，一系列相关改革将获得更具象、更明确的操作路径，并带动改革红利更快释放。

经过对目前世界上主要国家在分享经济中重要政策的分析，对于未来的政策走向，我们形成了如下判断：

第一，未来将有更多国家将发展分享经济上升为国家战略。

中共十八届五中全会公报明确指出发展分享经济，这是我国第一次将分享经济写入党的全会决议中，标志着分享经济正式列入党和国家的战略规划。此外，欧盟、美国、英国、法国、日本、韩国等也出台了多方政策，支持、鼓励发展分享经济，作为一项国家战略规划。《第三次工业革命》作者杰里米·里夫金曾经做出关于未来世界的三大预测，其中之一就是"协同分享经济将颠覆许多世界大公司的运行模式"。因此，可以预见，将会有越来越多的国家出台相关政策，推行改革，鼓励分享经济推动经济发展，将其上升为国家战略。

第二，创新监管思路、调整法律法规适应分享经济发展。

分享经济从住宿、出行等行业，扩展到了诸多传统行业。但是，以Uber、Airbnb等为代表，在全球发展过程中，均遭遇了市场准入、安全等方面的障碍。Uber在其发展过程中，因平台、司机的资质和证照以及安全等问题，多次遭到限制、取缔甚至封杀；Airbnb在美国多个州引发了税收方面的争议。造成分享经济与制度冲突的一个主要原因就是，一方面是面对新兴事物政府监管思路传统，另一方面是既有法律法规设定的准入门槛、合规要求、劳动保护等不利于分享经济进入相关行业并做大做强。因此，创新监管思路、调整既有法律法规，就成为各国推动、鼓励分享经济发展的必然选择。

第三，从单一监管走向协同治理。

从各国对分享经济的管理来看，一个大的趋势就是从单一监管向协同治理演变。虽然治理与监管表面相似，其理念却大不相同。监管更多强调的是政府单方面的管理，而分享经济根植于网络平台，更强调多元化的参与，不仅涉及政府最低限度的管理，也涵盖企业、行业自律、消费者意识提高、公众参与、社会监督等诸多因素。不仅如此，与一味强调政府监管相比，治理的理念更加强调市场的力量，通过市场的充分竞争，可以实现监管的目的。因此，将针对传统业态的监管规则继续用于分享经济，显然是不可取的。在分享经济发展初期，采用协同治理的模式就成了一个必要的选择，一方面需要确保最低的安全和质量标准，另一方面需要为分享经济创新发展提供空间。政府监管的介入需要以市场和平台的失灵为条件，当平台可以通过自身政策合理控制相关风险时，就没必要进行过度干预和规制。

第四，新型劳动关系亟待制度建设。

劳动者权益问题是分享经济平台面临较多的一个问题。比如，2015年6月，美国加州劳动委员会认定Uber的一名司机是该公司的雇员，而非Uber一直主张的独立合同工。我国《网络预约出租汽车经营服务管理暂行办法(征求意见稿)》第十八条也规定，专车经营者与接入的驾驶员签订劳动合同。这一政策引发了业界一片质疑和反对。事实上，平台和供应方、需求方之间的关系，不同于传统的雇主、雇员、消费者之间的关系，雇主需要和雇员签订劳动合同，并为雇员的职务行为向消费者承担责任。如果继续将传统劳动关系用于分享经济平台，必然导致分享经济平台向传统商业组织回归，导致分享经济丧失赖以生存的土壤。比如，有的网络约租车公司有超过100万专车司机，如果要求其和所有司机签订劳动合同，无疑会成为全球雇员最多的公司，而雇员最多的互联网公司亚马逊也不过10万员工，相应的强制性劳动保障和福利将会让其承受巨额经营成本，这对创业公司而言是致命一击。因此，探索、创设新型劳动关系成为各国政府大力推进分享经济的当务之急。

# 在市场准入方面鼓励融合创新

对于发展分享经济涉及的市场准入监管，主要涉及对于可能的新的市场主体的监管和新的入市交易客体的监管两个方面。

从市场规模来看，2015年全球范围内分享经济中五大主要行业（P2P借贷和众筹、在线雇佣、住宿、租车、音乐和影视流动）的市场规模已达200亿美元。分享经济模式的企业大多数诞生于2008年之后，伴随分享经济模式的快速发展，不少企业已经成长为资产数十亿美元级别的公司。

在用户规模方面，我们选择分享经济发展相对成熟的三个国家美国、英国以及加拿大统计其参与分享经济的用户规模及占比：据统计截至2014年，美国、英国、加拿大三大分享经济国家分别已有1.2亿、3300万和1400万人口参与分享经济了，其中英国参与分享经济的人数规模已经超过了50%的比例，加拿大和美国则分别为41%和39%。

从分享经济的细分市场来看，以共享模式为代表的行业整体增速远高于传统租赁行业。根据普华永道研究，我们将分享经济行业与传统租赁经济行业的2014年~2025年收入增长速度进行对比，总体看来传统租赁行业的最高增速也只有5%左右，但基于相同交易内容的分享经济模式收入最低增速也达到了17%。

从目前地方政府所推出的发展分享经济的思路和具体指导性政策看，地方政府发展分享经济的一个重要目的是促进传统产业的转型升级、利用创业创新培育新的经济增长点，因此对于市场主体的监管主要还是立基于在原有市场监管框架上进行适应发展需求的创新。具体而言，不少地方政府将发展分享经济与实施"互联网+"行动并列，要求通过促进互联网与经济社会融合发展，构筑发展新优势和新动能，拓展发展新空间。这包括加快发展云计算、大数据、物联网、移动互联网等与现代制造业、现代农业、现代服务业深度融合，促进电子商务、工业互联网和互联网金融健康发展，发展分享经济。许多地方政府将分享经济模式视为一种以互联网思维为支撑的新技术和新知识，认可其在推动传统产业的转型升级、激励经济社会新潜力发展方面将能够产生积极影响。例如，北京市和南京市政府分别要求推进基于互联网的产业组织、商业模式等创新，推动互联网新理念、新技术、新模式与经济社会各领域深度融合发展，以发展分享经济、激发经济增长新潜力。

另一方面，不少地方政府认识到分享经济模式可能表现为各类资源的使用权短期租赁，因此很可能为新的入市交易客体提供相对宽松的监管环境，配置相应的市场准入制度。河北省、安徽省政府和大连市政府制定的相关经济政策都明确提出，分享经济模式的一个重要方面在于"使用权短期租赁"。甘肃省政府和无锡市政府指出发展分享经济的要义在于"整合利用分散闲置社会资源"。另外值得注意的是，无锡市政府将"分享经济"的定义写入《无锡市国民经济和社会发展第十三个五年规划纲要》，即不同人或组织之间对生产资料、产品、分销渠道、处于交易或消费过程中的商品和服务的分享，这从某种程度上反映出可能参与租赁的"使用权"和闲置的社会资源，既可能包括有形的生产资料和产品、商品，也可能包括无形的分销渠道或服务；既可能包括静止的生产资料或产品，也可能包括那些正处于交易或消费过程中的商品或服务等。

一些地方政府提出了重点或优先支持分享经济发展的领域，主要集中在能够改善人民生活的服务行业领域。例如，福建省政府提出在设备租赁、交通出行、旅游、房屋出租、体验评价等领域提供新服务，以培育"互联网+"新业态。无锡市政府提出拓展分享经济新领域，重点支持快递物流、家政服务、教育培训、媒体创意、租赁服务等领域。在这些被列举出来的行业领域中，涉及的大多数交易客体(例如机器设备、交通工具、房屋、旅游服务等)都已经受到一定程度的市场准入监管制度的规范，如何充分让这些已经在首次交易活动中完成分配的资源顺利进入二次或多次交易活动，需要政府对已有的市场准入制度进行适度调整。

# 从支持创业创新和升级消费结构刺激增长

在分享经济时代，过剩产能不再是烫手山芋，而是一种更加廉价、便捷的原材料。罗宾·蔡斯认为，利用过剩产能的成本总是比购买新的原材料要低，并且花费更少的时间和精力。分享经济虽然不直接生产商品，但它能够通过资源的重新配置产生新产品，进而刺激新的消费需求。也就是说，发掘出闲置的车辆、房间，与建立一条新的汽车生产线、盖一栋酒店大楼所产生的价值无异，而且前者又能节约产能，提高资源利用率。这恰好符合供给侧改革强调从供给端发力、扩大有效供给的思想。

事实上，这几年来，政府促进供给端改革的一系列政策就催生了很多分享经济模式的企业。在"互联网+"和"大众创业、万众创新"的口号下，各式各样的创业公司如雨后春笋般成长起来，滴滴快的、wifi万能钥匙、闲鱼等共享平台就是其中的佼佼者。但这些还远远不够，除了住房和交通行业之外，在医疗、教育、食品、旅游等民生基础行业，还存在着大量的资源配置失衡的问题。目前的分享经济模式主要是P2P(个人对个人)，但是分享经济的蓝海在B2B(企业对企业)，B2B模式正以其迅速发展的企业数量在不断成长，尽量精简企业的服务体系，促进更加低成本、高效率的运行，进一步优化企业的共享资源，使他们得以高速的传递与运转。可以预见，在中央政策的支持下，分享经济将迎来一个新的发展机遇期。

B2B的经济共享，企业将资金花费在运营的成本上，减少了不必要的开支，还能再一定程度上提高效率。企业将自己的精力放在自己擅长的领域精耕细作，将一些不擅长的领域外包给一些专业性的组织，为消费者提供优质的服务与更为舒适的体验。传统的产业互联网我们的平台就是运用分享经济的共享平台，作为传统的B2B展览行业，一路展展装服务交易平台，平台运用众筹的手段，众包的模式将展装的设计和搭建环节分别众包给展览设计师和展览工厂，作展览设计师和工厂的共享平台。同样我们通过这样众包给的模式重新塑造了展装的产业链和价值链，让参展商减少了过多的中间环节，提升展装行业效率，实现了设计师、展览工厂和设计师的价值最大化。

当前互联网新时代的"供给侧"改革，不是简单的增加生产能力，而是增加消费端的基础设施供给，使得新供给创造新需求，新需求推动新消费，新消费倒逼新产业的产生和变革。"分享经济"不仅是国家战略，更是企业的必走之路。既是通过技术手段引发革命，又是通过产业"互联网+"分享经济产生化学反应。这一化学反应已经渗透到经济社会的各个方面，并带来了新一轮的业态变革，包括制造业业态、服务业业态、贸易的形态以及互联网本身的形态，更包括大数据集成协同创新系统的形态变化。这将成为我国未来经济发展的新动力，也是创新发展理念中最重要的内容。

发展分享经济需要调动分散闲置的资源，因此相应地，需要通过宏观政策引导大众将手中的社会资源投入到新的生产环节中，同时也需要引导消费者接纳这种新的产品供应来源和产品形式，形成健康良性的生产消费循环。为此，地方政府积极鼓励大众创业创新和升级消费结构。

具体而言，为激励群众汇聚智慧、互利共赢，积极分享手中的闲置资源，从而推进大众创业、万众创新，甘肃省政府提出要最大限度地利用大众力量推动整合利用分散闲置社会资源的分享经济模式，发展以社会服务为核心的电子商务平台，积极发展线上与线下联动的知识内容众包，促进形成智慧汇集分享新模式。

在激励广大消费者接纳分享经济下新的消费模式、为分享经济健康发展营造良性经济循环方面，不少地方政府将促进消费升级、增加中高端消费作为分享经济发展的主要目标之一。而实现这一目标的主要途径，在于利用分享经济优化生产供给结构、实现供需双方高效对接的特点，打造群众广泛参与、互助互利的服务生态圈，拓展服务性网络消费领域。具体的主要体现在以下几个方面。

一、市场监管中的问题

当前中央和地方政府都出台了多项政策支持分享经济发展，并对其发展的内容和形式给予了较大自由。然而，分享经济在实际发展中面临较大的市场监管法律适用上的障碍，具体可以概括为"一体两翼"三个方面的内容："一体"指的是分享经济的市场准入存在障碍；"两翼"指的是适用于分享经济发展的消费者权益保护和从业者保障这两方面的配套制度。

二、市场准入

设计合理的市场准入制度是分享经济取得繁荣发展的前提条件，然而现行的市场准入框架体系不适用于分享经济许多具体形式的发展。这是因为分享经济通过社会化平台消除了市场供需双方的信息不对称，使得经过第一次交易从而退出流通渠道的资源或资源上附着的某种权能得以再次或多次进入经济循环。资源重新进入经济循环的过程直接或间接冲击着传统的市场准入规则，尤其是对那些实施特许经营的产业或领域产生了较大影响。

以专车为例，分享经济产生前，私家车只能为车主个人或家庭使用；分享经济产生后，本已退出流通领域的私家车通过打车平台能为任何有需要的个人租用，这就直接冲击了实施特许经营的出租车行业。对于是否允许私家车进行"专车"服务，目前存在两种观点：支持观点认为，对专车进行市场准入监管应当严守"法无明文禁止即自由"的原则，尊重技术和市场发展的客观需求，专车作为更有效的资源配置方式应当被认可；质疑观点认为私家车从事专车服务的合法化将降低出租汽车的市场准入门槛，使原有的出租车特许经营制度归于无效，可能导致出租汽车行业陷入无序经营的风险。

这两种不同的观点反映到具体实践中出现了两种不同的对于专车市场准入的监管态度和措施。2015年10月10日交通部发布《网络预约出租汽车经营服务管理暂行办法(征求意见稿)》(以下简称《网约车管理暂行办法意见稿》)并向社会公开征求意见，这部意见稿将网络预约出租汽车(即"专车")界定为出租客运性质，并试图沿用监管出租车市场准入的方式监管"专车"，要求专车经营者必须在服务所在地拥有固定营业场所并登记分支机构，同时应当根据经营区域向市级或者县级道路运输监管机构报批等。而另一方面，在《网约车管理暂行办法意见稿》出台之前，上海、义乌等城市就已经开始了专车运营合法化的试点：上海市向滴滴公司颁发国内首个约租车平台的许可证，并试行"政府管平台，平台管车辆和司机"的监管模式。

三、消费者保护

完善消费者权益保护相关的配套制度能在分享经济发展过程中起到保障交易安全的作用。完善网络时代下的征信制度能够较为有效地保护分享经济中的消费者权益。这是因为分享经济实现了陌生人之间个人对个人资源交换，交易双方对对方履约能力的信任是交易能够达成的直接原因，因此信用制度是分享经济规范发展的前提和必要条件，也是分享经济模式下消费者权益保护的第一道防线。分享平台通过审查交易双方的资质并对其履约情况进行累计评分，能够建立相对完善的征信体系，保护消费者。

然而目前中国最完善的征信信息系统，包括以人民银行征信中心为代表的金融征信，商业征信以及各类行政监管征信(包括公安、工商、税务、海关等)，无法为分享平台所分享，大部分的征信信息主要依靠平台企业在运营过程中自行积累，这无疑将给分享平台在消费者进入交易前提供风险预警信息带来障碍。

四、从业者保障

分享经济催生出了许多新兴的劳动关系，制定适用于分享经济的从业者保障配套制度能有力助推分享经济的发展。分享平台提供供需信息，为从业者创造了就业条件、扩大了就业机会，同时平台上供需双方互评机制有利于实现就业平等，这调动了人们的劳动积极性和创造性，因此越来越多的个体从业者选择自主创业，利用自己的知识和技能，通过接入网络平台提供服务来获得收益，成为新型的自雇劳动者。但是如何对这类从业者权益进行保护，仍有待进一步探讨。

# 积极制定配套制度进行监管

在我国，长期以来政府监管的理念深入人心。虽然治理与监管表面相似，其理念却大不相同。监管强调的更多的是政府单方面的管理，而互联网治理更多强调多元化的参与，不仅包括政府管理，也包括行业自律、企业参与、消费者意识提高等等诸多因素。

不仅如此，与一味强调政府监管相比，治理的理念更加强调市场的力量，通过市场的充分竞争，可以实现监管的目的。如用户权益保护方面，分享经济行业竞争激烈，企业需要不断提高用户体验，保障消费者权益，抓住用户，才能在市场竞争中获得生存并争取有利地位。

因此，对分享经济的管理思路应该由"监管"向"管理"转变，充分发挥市场"无形之手"的作用，在"互联网+"时代让互联网企业有更大的作为，更广阔的发展空间，实现互联网的中国梦。

但是，随着分享经济的爆炸性增长，如何监管才能让行业更快、更健康的发展，成了一个大问题。

　　在市场秩序监管方面，许多地方政府将自身在促进分享经济发展过程中的职能定位为分享经济成长提供配套制度、积极为强化产业模式创新提供制度保障，在划定政府监管和市场机制的边界上表现出了克制。例如河北省政府要求下属各责任单位调整完善有利于新技术应用、个性化生产方式发展、智能微电网等新基础设施建设、"互联网+"广泛拓展、使用权短期租赁等分享经济模式成长的配套制度。

　　无锡市政府提出建立健全行业标准规范和规章制度，构建以信用为核心的新型市场监管机制，营造更加宽松的政策环境。建立健全各类互联网分享平台，完善网络信息安全体系，为分享经济发展提供新动力。提出建立健全行业标准和规范以监管分享经济的发展，这就提高了各类市场经济主体对政府政策和措施的预见性，有利于分享经济参与者积极投资和消费，而政府提出完善网络信息安全体系，又进一步表现出政府将自身市场秩序监管职能限定为保护网络通信安全等最重要的社会秩序价值，有助于市场交易成本的降低和信任机制的建立。

　　同时，无锡市政府还提出构建以信用为核心的新型市场监管机制。表现出政府对利用自身权力监管分享经济市场秩序表现出克制的同时，积极推动市场声誉机制的建立，试图利用市场自律对分享市场秩序进行更及时和有效的监管。

　　结合未来趋势，我国应如何应对？结合调研，我们内部进行了探讨，初步思考如下：

　　第一，从宏观政策层面上，实现"监管"向"治理"转变。

　　我国分享经济要实现大幅度发展，必须有与之相适应的政府管理的新理念。"监管"理念强调的更多的是政府单方面的管理，"治理"的理念更加强调市场的力量，通过市场的充分竞争，可以实现监管的目的。政府监管部门应该充分吸纳市场参与者的意见，政策立法需要"开门立法"、"科学立法"、"民主立法"，更多遵循市场主导思路，对分享经济持更包容、鼓励和促进的态度，站在更高的战略高度看待分享经济对中国发展和转型的意义。

第二，在配套制度层面加强完善贯彻。

分享经济的快速健康发展，离不开其它配套制度的支持。

首先，完善征信制度等配套制度，采用公众咨询、软法治理等灵活制度，共同推进分享经济发展。分享经济建立在信任的基础上，并且可以重塑社会信任。信用是分享经济的"硬通货"，市场的供需双方必须建立互信关系，才会发生分享行为，才能达成交易。因此，一方面应大力发展征信市场，加快社会征信体系建设，推进各类信用信息平台无缝对接，打破信息孤岛；加强信用记录、风险预警、违法失信行为等信息资源在线披露和共享，为经营者提供信用信息查询、企业网上身份认证等服务。

其次，需要进一步完善社会保障和福利机制，有关机构应为分享经济参与者提供必要的保险和福利，提供分享经济就业指导，以帮助求职者提高经验、技术和收入。鼓励分享经济平台与保险机构合作成立赔付基金，或双方合作提供保险产品等。

可以通过完善知识产权保护、引导资本市场予以资金扶持、鼓励行业自律组织的组建等方式，共同促进分享经济在我国的生根发芽，茁壮成长。

第三，在监管层面，创新监管方式和手段。

差异化监管和适度性监管。差异化监管要求监管者具体问题具体分析，根据被监管对象本身的特点，尤其是面对新生"商业物种"的商业模式、经营方式等与传统不同，不能削足适履，强迫新事物符合旧的监管框架，而应在监管中鼓励创新，宽容试错。至于适度性监管，实质是监管机构要保持权力的谦逊，对于市场的创新，更多应该交由市场规律来处理。

合理界定和解决安全问题。作为新兴的经济业态和商业模式，分享经济存在一些安全问题，但空泛地谈论安全问题意义并不大，正确的解决思路可以是：第一，分享经济的商业创新是否比传统商业模式带来更多安全问题；第二，新产生的安全问题是否可以通过配套制度加以解决。

第四，通过多种形式为个体赋能。

分享经济是以个体为中心的经济，平台的中心化地位只是表面现象。只有个体在其知识、技能、信用等方面强大了，分享经济才有未来。因此，政府需要通过多种方式为个体赋能。首先，需要完善包括版权、商标、专利等在内的知识产权制度，切实保障参与分享经济的个体的智慧成果。其次，分享经济将个体从公司等传统商业组织的束缚之中解脱出来。最后，要普及互联网教育，消除数字经济鸿沟，实现真正的全民共享分享经济。

第五，加快分享经济所需的基础设施建设。

进一步加强宽带基础设施建设，提速降费，使更多人融入分享经济平台，参与分享经济服务。推出分享经济示范城市，以城市为单元，通过统一分享平台，整合城市现有公私资源，有效调节供需矛盾。将分享经济纳入政府采购范畴，政府可以身作则，鼓励各级机构使用分享经济平台选择合适差旅住宿和交通方案等服务。

关于分享经济的未来，一直是众多研究者关注的热点。

我们认为，它将按照以下几大路径发展：

目前分享经济处于个人闲置资源分享阶段，是以个体为基本单位，个人通过平台进行闲置资源的分享。对于传统服务业，分享经济正从交通出行和住宿领域，拓展到个人消费的多个领域，将会助力服务业成为我国经济增长的新动力。在服务业之外，C2C个体分享拓展到能源、农业等领域，凡有剩余，皆可分享，已逐步实现。

在3~5年内，会全面进入企业闲置资源分享阶段，企业为基本单位，整合企业之间的闲置资源进行分享，包括闲置产能和设施的共享。通过消化过剩产能带来的生产革新也逐渐萌芽。

再往后看，未来5~10年，会进入公共闲置资源分享阶段，目前已在局部萌芽，主要由政府牵头，主导公共服务资源开放共享。例如政府采购分享型服务，政府闲置资源分享，分享型公共交通等。

未来10~20年，会进入整个城市的闲置资源分享阶段，目前海外已经有试点出现。以城市为单位，由政府统筹整合整个城市的闲置资源和分享主体。除公共服务的分享之外，还会统一规划各行业分享企业的布局。

目前世界各国高度重视发展分享经济，许多政府出台鼓励政策促进分享经济发展。美国是分享经济发展的源头，作为产业源头，美国有非常多的创业公司，政府也在致力于推动分享经济的发展。英国政府2014年已订分享经济计划，旨在打造分享经济的全球中心。韩国政府也在放松市场管制，提出发展分享经济"示范城市"。